上原茂男
剣道稽古歌集
道しるべ
茂

序文

この度、剣道時代の理解・支援によって、上原茂男君の「道しるべ」が冊子となり学剣人達の剣道書になかまいりできたことは、喜びに堪えない。

上原君が詩歌に造詣の深いことは私達の間では定評があり、日常生活の中で出会った、喜び、苦しみ、悲しみ等にふれる度毎に、その心境を歌にして自分の人生を豊かに過ごすことを唯一の楽しみにしている剣道人である。

又「教え方より教わり方が大切」だと云われているが、これは上原君にあてはまる言葉だと思う。

彼の道場における修行態度、まなざしは全く別人の感があり、折にふれ鋭い質問を発することもある。自分自身の稽古のほか、地域社会の剣道指導に専念しており、その人柄、指導法は尊敬の的である（ちかく彼の道場が落成）。

昭和六十一年の初夏、「先生の教えを歌にしたので批判を乞う」と稽古歌百首程のコピーを持参。読みおわりて洞察力・表現力の見事さに感を深くした次第。

そのうち剣道時代の知るところとなり、昭和六十二年から今日まで連載に至っているのである。彼はたしかに無名の剣人であるが、それ故全く見栄がない。だからこそ日々精進の稽古が淡々と歌にできるのである。それが年月経ったこの頃になり読者の反響も次第に高まり純粋な評価がボツボツとあがっている。

*

現在、大分県警察本部剣道師範の青木彦人君（教士八段）は警察個人大会優勝、全日本選手権大会、東西対抗、都道府県、国体等で活躍中であるが、剣道に対する研究心は実に旺盛な剣人である。その彼に、上原君の歌集コピーをあげたところ大変感心し、昭和六十二年の八段合格祝賀のおり、二〇〇部余り冊子にして、来賓、剣友に引出物として配布したのである。又県外の剣友、知人の知るところとなり増版したとの話し。

とにかく、上原君は六十路の年令であるが、剣道と詩歌に心を尽くしているだけに非常に若さと張りがある。どうか益々自愛されて、これからの学剣人達の為に更に心うつ詩歌をつくって頂きたいと念願します。

平成元年二月二十八日

範士八段　岡田茂正

序　文

著者、上原茂男先生とのご縁は、昭和四十年四月、練馬区立中村西小学校を稽古場として発足した「中村剣友会」が、ＮＨＫテレビで放映され、少年指導の素晴らしさに感嘆した私が、妻の案内で、同剣友会を訪ね、峻厳にして慈愛に満ちた先生の剣風に接した時からであります。

以後、大泉第六小学校、以心会少年稽古会、石神井剣友会、そして私の区内の稽古先でのご奉仕、さらに絶大なご尽力と「人間本来無一物」の尊いお心をもってご指導頂いてまいりました。

常に少年少女の純粋さを支え、勇気を与え、努力の積み重ねにより得られる幸福を教えておられます。

朝な夕な、剣一筋に四半世紀の荒行を続けられると共に、家庭をこよなく愛し、書画を楽しみ、月明りに朗吟し、笛の音に風情三昧の時をすごされるなど、文武両道、芸術に通じられた先生でもあられます。

総ての欲心を捨て、施しの心に生きられる先生が、物と金の時代の巷に立って、美しい心のもと、質朴と辛抱を貫かれる姿は、正《まさ》しく菩薩そのものであります。

私は、この尊い先生との二十年来の剣縁に心から感謝致しております。

激動する今日の経済の時世にあって、強く「心の充実」が求められている時、ここに道場を開設し、三百首にのぼる道歌集「道しるべ」を発刊され、斯道至極の道を究められることは、誠に当意即妙、素晴らしい快挙であり感激でもあります。

上原先生のこの心の施しが、多くの読者各位に酌《くみ》取られ、剣道本来の目的が達せられることを祈念し、発刊のお喜びを申し上げます。

平成元年四月

範士八段　野　正　豊　稔

自序

我れ縁ありて岡田道場の門を叩き許されて門人の一員と相成ることを得、爾来五年有余ありがたき師の指導薫習を受けて初心に帰り、打ちこみ切り返しかかり稽古の大切なることと身をもって体験す。

厳しき師の叱声我が肺腑を貫き妥協赦さぬ指導稽古の烈しきこと想像を絶し、血反吐を吐く思いにてその苦しき事まさに筆舌に尽し難い。然あれども稽古終りなば夜叉仁王の如き師も一杯の緑茶に咽喉を潤し、雑談に破顔一笑その姿たるや福徳布袋尊に似たり。

全力を傾注し弟子の指導育成に対する尊き師の言葉一言半句たりとも聴き洩らさじと心に刻み、感じるままに筆とりて我が剣道修錬の〝道しるべ〟となす可く玆に歌を作りて書き記したり。

道元禅師曰く「切に思ふことは必ずとぐるなり」の信念を堅守して急がず休まず誠を尽して努力せんことを誓う次第なり。

夢ありて苦労も楽しうき世かな

平成元年五月十日　上原茂男

道しるべ――目次

◉題字／平沼　信男

心構え

◆崩れとは心構えが原則で
打突前後の心の迷い
◆打突前の崩れは心の不安定
我慢上手に気負い居付かず
◆打突時の崩れは度胸思いきり
成仏する気で我身かばうな
◆打突せし直後の崩れ決めがなく
剣体一致で技の力を
◆打突後の崩れは残心なき故に
一服稽古をする人多し

崩れの本質は心構えにあり、心の迷いが身体の崩れとなって現われてくる。

まず打突前は我慢の見極め方が大事なのである。相手に隙があろうがなかろうが我慢出来ずに打っていく自爆行為を気負いという。その逆に〝まだ早い、まだ早い〟と思って我慢しすぎると却って打てなくなってしまう。これを居付きという。その我慢を上手に使い分けなさいということである。

次に、打突するときは、思い切って打つ。面を打ったら、小手に押えられるとか胴に抜かれたりしないか等と考えると、中途半端な打ちとなり思わず我身をかばうことになる。これが崩れだ。一旦、面に行こうと決めたら思い切り打たなくてはいけない。それで斬られたら、〝よくぞ斬ってくれた〟と思って成仏すればいいのである。

また、打突直後の崩れとは、技に冴えがなく決めがないことをいう。

では崩れないようにするには、どうしたらよいか。剣体一致で技の力がなければいけない。打突した瞬間、気は前へ行っているから残るは剣と体。剣が先に行っても体がついていなければダメだし、体がついてきても剣先が立っていてはいけない。要は剣と体が一致して気と重なり、技の冴えが生まれてくるのだ。力の技でなく、技の力だということを承知しておく必要がある。

だが、技が見事に命中《あた》ったとしても残心なきものは、それまでの全てが吹き飛んでしまう。命中《あた》ればそれで終わりと考えて心構えをといてしまうのを、一服稽古という。それを行なっている人が多い。これではいくら命中《あた》っても崩れていることになる。

打突後も事後の変化に対応する心構えでいなければならない。礼をして互いに別れるまでを残心というのである。

◆当てる剣たとえ当てても効き目なく
打ちきる剣は当たらずともよし

◆当てる剣当てっこ剣道無駄なこと
命中《あた》る剣こそ本物と知れ

今の剣道は面に当てる、小手に当てる、胴に当てるというだけであって、相手に何の効き目もない。当てるという消極的な気持で打つのではなく、思い切り打ちきるという積極的な気持が必要となる。そうすれば、たとえ決まらなくとも相手に与える効果は大きいのである。

また、当てっこ剣道はいくらやっても上達にはつながらず、却って無駄なこと。相手を斬る剣道こそ本物で、それが命中《あたる》というものだ。命中剣道が出来るようになるには、切り返し、打ち込み、かかり稽古を正しく繰り返し繰り返し行なって身につける以外にない。

◆見映観《けんえいかん》心の命令気が受けて
剣体同時の動き大切

敵と相対したとき、誰しも見る、映る、観じるという見映観があるが、それらは全て心の問題である。その三つが一体となって心が〝面打て〟とか〝小手打て〟を命令する。その命令を気が受けて剣と体が同時に動く、これを気剣体一致という。

この気剣体一致となるには、相手の動きを見て素早く判断して命令を下し、気そして剣と体を同時に動かすことが大切だということである。

◆後打ちや無駄打ち余計な打ちはやめ
一本大事にためて打ち込め

一本を大事にして打つ心が大切である。後打ちや相手に隙がないにもかかわらず、とにかく打つという無駄打ちは即刻やめることが必要だ。そんな余計な打ちはいくらやっても無意味なこと。相手に隙が生じるまで力をためにためて打つことを心せよ。

◆人形の姿になるな荒武者ぞ
起爆の心常に燃やして

◆立姿立派だけでは人形で
心構えの大事さを知れ

姿勢態度が立派でも、心に燃えるものがなければ人形と同じだ。見て楽しむだけなら人形でいいかもしれないが、相手と戦う以上はそれがないと負けてしまう。

故に、戦うときは人形の姿でなく常に気迫を燃やして相手と対峙し、いつでも持てる力を出せる心構えでいなければならないのである。そうすれば、構えや姿が生きたものとなる。

◆師の教え素直に聴けよ我を捨てて 心開けば薫習《くんじゅう》を受けん

剣道家には我の強い人が多い。確かに我の強さも必要だが、時には我を捨てることも大切である。特に師の教えには素直に耳を傾けるべきで、そうしないと薫習を受けることが出来ない。薫習という言葉は、仏法で言う香が体に自然に染みつくことを言っている。だが、誰でも香を焚いている中へ入れば、香が体に染みつくものではない。香が体に染みつくには、我や欲を捨て去らなければいけない。

それと同様に良い教えを受けたとしても、我が強ければその意味を理解することができないため、いつまでたっても同じことを繰り返すことになる。

◆左手は正中線をはずさずに 勇気を示す左足かな

剣道では左手、左足そして左腰が重要。打ちたい、打ちたいという気持ちが強過ぎると、どうしても右足、右手、右腰という右が中心になるため良い打ちが出来なくなる。

良い打ちをするには左手を相手の正中線から外さないことだ。外さないようにするには、打ったときには左足をパッと引きつけることが大切である。だが、それがなかなかできない。それは打ったらすぐ逃げることを考えているため、体が斜めになり左手も正中線から外れてしまうからである。

特に小手を打つ際は、その逃げの気持が強いため左足が残りがちである。打たれることを恐れず勇気を持って打ちこんで行くこと。それを表わすのが左足の引きつけだ。

◆注意せよ子供の指導前かがみ

頭を下げるくせがつくなり

◆心せよ知らずに積る悪いくせ

少年指導とママさん剣道

子供を指導するときは、どうしても自分の方が背が高いものだから前かがみになって打たせてしまう。これが一年二年たつと自然に前かがみが癖になる。これが恐い。自分ではそうでないと思っていても、普段の稽古でその癖が出てしまう。

そのような悪い癖がつかないようにするには、腰を落とせばいい。身長差は埋めようがないから、腰を落とすことによって、その差をなくしてしまうのである。体の移動は大変だが、自分のためでもあるのだから……。

また、少年やママさんを相手に稽古をしていると知らず識らずのうちに打ちが弱くなっていく。それは相手が少年やママさんだから、強く打っては可哀相だという気持になるためである。それが打ちに出てしまう。相手が誰であろうと思い切って打たなければいけない。

◆竹刀をば持たぬ時でも胸を張り
背筋を伸ばす習慣大切

◆なり振りも礼儀のうちと心得て
常に正しい着装態度

竹刀を持つ時だけ胸を張ってやるのでなく、普段の生活から背筋を伸ばして胸を張ることが大切だ。

また、なり振り（身形《みなり》や振る舞い）も礼儀のうちだから袴の裾が切れたり、テカテカと光っていたり、洗濯していない汗くさい道衣を着けているのは相手に対して失礼だし、粗暴な振る舞いはとても見苦しいものである。

そういうことを常に心がけて何事も行うことが大切なのである。

◆胆を練り間一髪まで我慢せよ
皮を切らせて肉を切るべし

これはいわゆる見切りのこと。攻め合いにおいては、もうこれ以上我慢できない時点まで胆を練って気を充実させ、ここだと判断したら打ちこめ。その際、自分も傷を負う覚悟が必要である。こっちも必死なら相手も必死な故に、自分だけ無傷で相手を殺そうというのは虫がよすぎる。但し、同じ傷を負うにしても自分は最少限に止めるべきで、皮を斬られたら肉を斬り、肉を斬られたら骨まで斬るという気力で立ち向わなければならない。

◆燃えることよきにはあれど
感情を出して剣道致す可からず

小手や面を決められたから単に取り返してやろうという気で打ち込んでいったり、打突部以外のところを打たれて痛かったからやり返そうと熱くなるのは、燃えているのでなく感情を出しているにすぎないもの。感情をあらわにして剣道をやるのはいやらしいことであり、剣道とは呼べない。

しかし取られたなら、「よーし、一本取り返すぞ!」と、気で相手を圧倒するために燃え上がっていくのはいい。ようするに気を燃やして戦うことが剣道において大切なことの一つなのである。

◆剣道に虚実は非ず常に実
実の中にも虚も有りにけり

面を打つなら面、小手を打つなら小手を攻めるべきで、面を攻めているのは見せかけで、実は小手を打つという虚から実への移りは剣道にはいらない。

剣道は実から実でなければならず、面で決めようとして面を打って失敗したら、相手の体勢を見て小手なり胴へいくのである。そして小手が決まったとしたら、その前の面が結果的には虚ということになり、小手が実という具合になる。しかし、あくまでも最初から実で打つことで虚が生まれてくることを忘れてはならない。

◆感情を出して剣道する人は
剣いやらしく品位味なし

感情をあからさまに出してやると剣道に品位がなくなっていやらしいものとなるし、味わいも消えて味もそっけもないものとなる。そうなると剣道ではなく単なる叩きあいだ。理性をもって剣道を行うことが必要である。

相手を倒してやろうという燃えたぎる気持は心の中だけで爆発させ、決して表には出さず相手に立ち向かっていくようにしなければならない。

◆身を捨てることも出来ずに生きんとは
虫がよすぎる剣道はなし

◆死は易く生きることこそ至難なり
我慢と勇気智恵と決断

勝負はお互いに命を賭けてやるものだけに自分だけが傷を負わないで、相手だけ斬るということは甚だ虫がよすぎる。それではいつまでたっても身を捨てた剣道ができない。身を捨てるということは自分が斬られてもいい、そのかわり相手をも斬るという相打ちを求めるものだ。自分は無傷で助かろうという虫のよい剣道はないと肝に命じておくべし。

また、戦う場においては死を選ぶことは一番簡単な選択だ。何もしなければ直ちに斬られてしまう。その逆にそういうお互いが命を賭けた極限状態の中で相手を倒して生き残るのは、至難なことである。それには我慢、勇気、智恵そして決断が一体とならなければいけない。

◆力抜けと云われて力抜きたれば
意味が解らず腑抜けとぞなる

指導者が力を抜け、力を抜けと教えても、教えられた者がその意味も解らずに、ただ力を抜いたのでは腑抜けになってしまう。

そこで指導者は、どういう風にしたらよいかを教えてやる。抜いた力は体外に出さず、丹田に集中させ、ここぞというとき一気に爆発させる。そうすれば腑抜けとならないであろう。

これはこの問題に限ったことでなく、どんなことでも指導者は相手が納得できるように教えてやるのが務めである。

◆右足と右手は方向を決める可し
左の手足勇気示さん

右手と右足でどの打突部位を打つかを決め、左手と左足で打ち込んでいく。が、打ったら早く逃げようという気持ちがあるときは半身になってしまい、良い打突が出来なくなる。それは目指す打突部位に手を伸ばしているだけで、左の手足が残ってしまっているからだ。攻撃半分、防御半分のため捨て身の気持ちになりきれていないのである。しかし勇気（捨て身）があれば出て行ける。勇気がないから逃げてしまう。その勇気を第三者に示すのが左手、左足だということを肝に命じておくとよい。

◆居付いてはならじと心に思えども
いつしか犯す掌中の居付き

居付きとは体の動きが止まった状態や気持ちのことだけを言うのではない。体が動いているし、気持ちでも相手に攻め勝っているのに、ここだと思うときに何故か技が出ないときがある。それは知らず識らずのうちに手の内が居付いているからで、その状態では攻めも出来ないし、技を出すことも容易でなくなる。手の内が居付くというのも覚えておくとよいだろう。

◆手もとをば挙げずに剣先あげて打て
出小手打たれる人要注意

よく出小手を打たれる人は、手もとを挙げ、そして打つという二拍子になっているからだ。出小手を打たれないためには、手もとを挙げずに剣先を上げて打てばよいのだが、それには突きを攻めるつもりで打っていけばよい。この出小手に限らず、自分がよく打たれる箇所や状況をよく考え、早く直すように稽古することが肝要である。そうすることで弱点が、反対に強味となるであろう。

◆面をつけ竹刀交えて勝負する
男女の区別決してあらず

相手が女性だからとなめてかかったりとか、やさしく打とうということを考えてはならず、そのような気持を勝負に一切持ち込んでは駄目である。勝負のときは、あくまでもお互いに対等の立場に置かれていることを忘れてはいけない。しかし面をとってしまえば別だが……。

◆剣道は如何なる時も攻めて打て
待てど海路の日和などなし

諺に「待てば海路の日和あり」というのがある。その意味は嵐の中を無理して船出するのは非常に危険だ。いつまでも嵐が続くわけがないから、過ぎ去るのをじっと待てばよい。嵐の過ぎ去った後は、素晴しい天気になる。そこで船出をすればよいということ。しかし剣道にはそれが当てはまらない。やはり剣道は如何なる時でも攻めて攻めて打つのが正攻法である。そこに勝利への糸口がある。

故に、剣道には待てど海路の日和などないわけで、待っていると逆に嵐をモロにかぶってしまうことになるだろう。

◆打ちこんで仕留めればよし
仕損じも心とどむな連続の技

気攻め鋭く打ち込んでいった際、それで一本となればいい。が、一本とならなかったときに「しまった」と思って、そこで心を止めてはいけない。直ちに次の動作（技）に移れる心構えと体勢でいることが肝要である。

十牛の図より
尋牛
騎牛帰家
返本還源
柳緑花紅

だが、大抵の人は技を仕損じたところで気を緩めてしまい、居ついてしまうか、一拍も二拍も遅れて次の技を出すところを逆に相手に乗られてしまっている。といって最初からコテ・メンを打とうと思ってやるのは、本当の連続技とはいい難い。それらは単にコテでリズムを作ってメンで決めようとしているからで、コテを一本にしようとする気がないためである。

そもそも連続技とは、最初の技が失敗した際に間髪を入れず次の技を繰り出すことをいう。その連続技を行うには、常に正しい体勢を保たなければならず、それにはしっかりとした腰の構えが大切であり、その腰の構えのもとは脚なのである。

したがって脚の運用が無理なく自然に行われるならば、スムーズに連続技が打てるようになるだろう。

◆声の出るうちは無心と云い難し
打ちのめされて知る無心かな

自分ではフラフラな状態と思っても、まだ声が出たり「面を打ってやろう、小手を打ってやろう」という気があるうちは無心になっているとは言えない。自分の中に〝気〟が残っているからである。

もうトコトン打ちのめされて、後から「お前はあの時、あんな意識朦朧の状態でよく打っていた」と人から言われて初めて〝無心〟とは何かと知ることになる。

◆剣の道心にあれば

大変に臨みて生死あきらかにせん

◆大変に臨み生死あきらかに

無理や我慢で勝てる筈なし

剣道とは自分の心を学ぶ道である。その過程においてさまざまな大変なことに遭遇するであろうが、一番の大変は生か死かという局面に立たされたときである。そのとき適切な判断を瞬時のうちに下さなければならない。剣道でいうならば今打つべきか、打たざるべきかを素早く決断する能力だ。勝負は無理矢理やっても勝てないのは道理だが、我慢が大切といっても必要以上の我慢でも勝てないのである。要はその我慢の限界を見極める能力を養うことが一番。

そうした心構え（気構え）で常に剣道を行えば、能力は自然と培われていく。そうすれば剣道のみならず、自分の生き方（人生）においても迷うことなく適切な決断ができるようになるであろう。

◆自身にて有効打突を見極めよ

試合と審査の違いを知るべし

有効打突は充実した気勢、適法な姿勢をもって、竹刀の打突部で打突部位を刃筋正しく打突し、残心あるものとする、と全剣連の剣道試合規則に明示されている。その有効打突を自分自身で見極められるようにならなければいけない。何故かというと、審査に行ったときに困るからである。試合では審判員が有効打突か否かを判定してくれるが、審査になるとそうはいかない。立会の人しかいないから自分で判断するしかなく、そこに試合と審査の違いがある。二段、三段ならいざ知らず、高段を受ける人はその辺りをよく知って審査を受けるべきであろう。

◆竹刀をば手に握れども腰で打て
腰で打たずに心にて打て

前に竹刀は手で握っているが腰でもっている気持ちで、腰で打てと述べたが、さらにつき詰めていくと最終的には心で打てということになる。

昔の試合では5分、10分も剣先だけの攻め合いに終始して双方一本も打たないまま、一方が「参りました」と言って頭を下げることがあった。これもやはり相手の気迫に圧倒されて心で打たれ、負けてしまったからだ。確かに見た目は竹刀で打つが、心持ちは心で相手を打てということ。そこに剣道の本質がある。打った当たったは二の次なのである。心で相手に攻め勝てば、もう勝ったも同然で面が決まった、小手が決まったというのは形として表われるものであり、決着はその前の段階でついている。

しかしながら、そのような境地に達するまでには修錬に修錬を積まなければならない。

◆年とれば体力スピード落ちにけり
年輪光る眼力胆力

年をとるに従って体力は落ちてくるし、スピードもなくなる。それはごく自然のことでいたし方のないもの。そうなるともう剣道が出来なくなるかというとそうではない。体力、スピードが落ちた分、長年にわたって培ってきた眼力、胆力が光り出してくる。眼があきらかになっているから捌くことも出来るし、気持ちでは負けないものが肚にある。そこに剣道の良さがある。しかし、それはただ長年剣道をやっていれば身につくものではなく、年代年代に応じた剣道をやってこそ体得できうるものであり、考えて稽古をしなさいということである。

◆立合いて勝たんとすれば我慢あり
負けじと思えば無理ぞ生じる

相手と対峙した時、打ちたくても相手に隙がない場合は我慢する肚を持つことが大切。それを負けてなるものかと相手のことなどおかまいなしに打っていくと、その打ちは無理したものだから往々にして墓穴を掘るはめとなる。

◆手拭を着ける時には

扁額をあげるが如く正面にもて

手拭に表裏があることを知らず、裏返しのまま着けている人が多い。ただ手拭を着ければそれで済むという考え方でなく、手拭の表裏をわかった上で基本的な着け方を認識しておくことも必要だ。

手拭を広げて面の上に置く時、自分から見て左端の方に署名者または所属名などがくるようにすれば表となる。そして手拭の両端を持ったら、扁額（室内・門戸にかかげる横に長い額）をかかげるように正面で一旦止め、気合が充実したところで着けるとよいだろう。

◆竹刀にも袴も仁義礼智信

五常の教えのあることを知れ

竹刀には必ず五つの節があり、袴の前にも五つの襞《ひだ》がある。この五という数字は単なる偶然ではなく、儒教の教えである仁義礼智信の五常から由来する。そもそも剣道は思いやる気持ちから成り立っており、技術の上達と共に精神も向上していかなければならないのである。竹刀、袴という用具、着衣にもその思いやりをはじめ様々な深い意味が五つの節、五つの襞に隠されていることを知ることで、剣道の奥深さを痛感することであろう。

◆打つ可きか我慢すべきか

一瞬の迷いぞ勝負の分れ目となる

打つべきか、我慢すべきかを一瞬のうちに迷いなく決断できる力を擁すには、一にも二にも稽古が大切。こういう状況のときには打つべきとか、この状況ではもう少し我慢すべきとかを稽古で身に付けなければならない。

最初は迷うことも多いだろうが、稽古で色々な局面でどのような行動をとったかを次に生かすことで徐々に迷いが薄れていき、どこが勝負の分れ目となるかわかるようになる。そうなれば試合や審査へ行ってもその雰囲気に呑まれることなく自分を見失わず、冷静にしかも素早く決断できるであろう。決まった決まらないは結果論であって、如何に迷いなく決断できたかが大事なのだ。

◆心せよ打たねばならぬ時打たず

打ってはならない時に打つ馬鹿

攻め勝って相手の構えを崩して手元を上げさせたら、そこは打つべき絶好の機会。もし決まらなかったとしても打つべき時に打っているからそれで良い。しかし見逃したり、退がったりして打たないのは良くない。

打つべき時に打たず、打つべきでない時に打つのは普段どういう稽古をしているのか首を傾げてしまう。理合を知らないといえる。自分一人で稽古をしているわけでなく相手がいるのだから、相手の状態をよく見極めた稽古をしなければならない。

◆出る相手攻められたとは思わずに引き出したれば乗って打つ可し

剣先の攻め合いの中で、機があれば一気に攻め込んでいって打てばよい。しかし、逆に攻め込まれたら「シマッタ」と思わないことである。形としては攻めこまれているが、決して弱気にならず、俺は相手を引き出したんだと思えばよい。よく出て来てくれた、さあ絶好のチャンスだと考えることで精神的に余裕が出てくるから相手の動きを凝視することが出来る。そして相手が打とうとする端を乗って打てばよいのである。

ようは心の持ち方次第でいかようにもなるということだ。

◆力をば入れればいつか我が相手見るとも見えず見えても打てず

自分では相手の動きをしっかりと見ているつもりなのに、いつの間にか打たれてしまうという経験をした人は多いと思う。それは体に力が入りすぎているためで、相手の姿は見えていても、動作が見

えていないから動くことが出来ず、相手が打ってくるのに応じられない。即ち居ついてしまっているのである。無駄な力は自分で自分を陥れてしまう結果となることを知らなければいけない。

◆打ったならすり抜けようと思う故　十で打てずに四分六となる

大抵の人は打った後、直ぐに逃げようと思っているため十の力で打てない。それは打ちが四、逃げが六という力配分によるものであり、当てればよいと考えているからである。

十の力で打ちきるには、逃げる当てるの気持を捨て去るべく、正々堂々とした稽古を行っていけば徐々に十の力で打てるようになるはずだ。

◆剣の道避けて通れば地獄なり　求め励めば極楽となる

「今日、稽古に行くのは嫌だなぁ」と思って稽古をすると、いいしれぬ苦しさを覚えることになる。それは精神的に嫌がっているため心と体が一致せず、決して稽古自体がきついものでなくても非常にきつく感じてしまうからである。

しかし自らすすんで稽古をすれば気分よく出来る故、稽古後は何ともいえぬ爽快感を味わうことになるだろう。

同じ稽古をしていても、気持の持ち方ひとつで、こなた地獄、かたや極楽ということになる。どうせやるんだったら楽しい（気分よい）方がよい。誰のためでもなく自分のためだと思えばおのずと明白になるはずだ。

◆剣道は竹刀同志の話し合い
心触れ合う剣の問答

◆我が問いが勝つか答が勝るのか
火花を散らす無形の問答

相手と対峙して練り合うのは、自分の思う心と相手の思う心がそれぞれの竹刀の剣先で話し合うこと。つまり問答である。だが、問答といっても剣先が言葉を話すわけがなく、気当りでぶつかり合う無形の問答。しかし言葉としては出てこないが、心の中で「メンに行くぞ」「いや、そうはさせない。逆に乗るぞ」「来るなら来い」といった問答が剣先で、触刃の間において繰り広げられているのだ。そこで勝敗が決するといっても過言ではなく、大切にしなければならないところである。

◆剣道に動中静の言葉あり

動は身体で静は心ぞ

動と静のコントラストが剣道の妙の一つである。動は身体で、静は心のことをいう。動の中に静があり、静の中に動がある。この二つは一体であるが、動きは常に反比例していなければならない。身体も心も動になってしまうと焦りとなって相手の思う壺となるし、心も身体も静になると硬くなって居つくことになる。

したがって、常に身体は動ける状態にしておき、心は平常心を保つことが肝要なのである。そうでないと相手の動きに対し、臨機応変な対処が出来ない。

◆元気よく鍔競り合いの大声も

相手に唾がかかる迷惑

鍔競り合いのときは、ご存知のように互いの顔が接近する。そのとき自分は凄く気合が入っているのだと言わんばかりに大声を出す者がいるが、往々にして相手の顔に唾がかかったりするもの。そんなに大声を出す必要があるのか。そんなことよりも、その最中は丹田に気を溜めるというか、気を充実させて一歩も退かぬという心構えでいることが大切である。

着装

◆着装で特に袴は大事なり
着崩れせぬよう正しくつけよ

着装の中で特に大事なのは袴のつけ方である。袴のつけ方ひとつでその人の技量がわかるといってもよいだろう。

どんなに烈しい稽古をしても着崩れしないようにするには、付けるときの姿勢が重要となる。下を向いて着けたのでは、体を曲げているから姿勢を正した時、往々にして前上がりとなって不格好に見えてしまう。そこで、袴を着けるときは鏡の前に立ち、下を向かず姿勢を正したまま自分の姿を見据えて行うとよい。なお、袴の裾はくるぶしにかかる位が丁度よいだろう。

◆稽古中面紐胴紐解けるのは
心の紐がゆるむことなり

そんなに烈しい稽古をしていないのに簡単に面紐胴紐が解けるのは、結ぶとき気が充実していないという心の紐が弛んでいた証である。

それ故、紐ひとつ結ぶにしても解けない方法を自分で工夫研究する必要がある。例えば面紐は同じ長さに整えて結んだなら、両端をもって2、3回引っ張って締めつける。また胴紐は蝶結びにしたら両端をもって結び目をグッと締めつけるという方法がある。そういう風にして心の紐を弛めることなく、気を充実させておけば、烈しい稽古などで万が一解けたとしても直ちに気づくであろう。

◆盗み足継ぎ足相手に気付かれぬ
袴つけるも心してせよ

袴の裾は前下がりで、後ろ上がりであるが、これは相手に自分の足捌きを気付かれないようにするためである。そのことを袴を着けるときは、心しなければいけない。ところが、大抵の人は袴を着けるとき下を向いているため、顔を上げたとき前の方が幾分上がってしまい、足が丸見えとなることがある。これではいけない。

故に、構えたときの姿勢を想定して着けるのが一番良く、先ず鏡の前に立つ。そして鏡に映る自分の姿を見て、袴の裾を調整しながら着けるのが確実な方法であろう。そのときは無論、下を見てはならず、鏡の中の自分を見据えるような気持ちが大事だ。

◆風格も打突も腰紐はずれなば
審査は全て水の泡なり

◆立合いの前に必ず己が身の
着装直す気配りをもて

稽古や試合をやっているとき面紐や胴紐、腰紐がほどけることがあるが、これを審査でやってしまったらすべて水の泡となる。特に腰紐がほどけやすいから、蝶結びをしたら、両端をもってピシッとしめること。

しかし、そうやったとしても万が一ほどけることもあるから、自分の出番が近づいたら各部の紐は緩んでいないか、長さは丁度よいかなどを自分で点検して直す心の余裕がなければいけない。

構え

◆構えとは城にあれども城でなし
攻め打ち応じて守るためなり

構えは単なる城ではない。城なら防御だけでしかないが、構えは防御でもありいつでも打っていけるという攻めの状態も必要である。即ち相手の出ばなを押えたり、また払ったりするという攻防一致がなければいけない。

◆正面打ち元立ちの構え大事なり
構え解かずに僅かにはずせ

基本打ちのとき、元立ちが構えを大きく解いて打たせている光景をよく見掛けるが、そのような行為はよくないことである。単に打たせているにすぎず、張りというものがない。打ち込んでいくだけなら人形を置いておけば済むこと。しかし、剣道は相手と争うものだから、元立ちが生きた構えをとることによって実《み》になる稽古ができる。元に立つ者はこのことを十分に承知しておかなければいけない。

それ故、元立ちは剣先を相手の正中線につけて万全の構えをとり、相手が打ち間に入る寸前に剣先を二、三寸ばかり僅かに外してやるように努めるべきである。

◆立ち姿立派だけでは価値はなし
生きた構えをとるが大切

どんなに構えが立派であっても、立派だけでは価値がない。そこに気が充実した、生きた構えをとることが大切なのである。

この生きた構えとは前述したように気が充実したものだが、攻めと守りを兼ね備えた攻防一致の意味も含まれている。

今の剣道の構えは外見だけを重視しすぎて、一番大切な精神的なものを見失いつつあるようだ。形だけにとらわれているあまり価値観を忘れてはならない。

◆構えにも心構えと身構えのあることを
知れ生きた構えを

構えには心構えと身構えがある。心構えとは、剣道を先生・先輩・同輩・後輩等から教えてもらう、指導する、試合を行うなどのそれぞれに対する心懸け、即ち気力の充実した内面的なことをいい、身構えは着装を含めた姿勢態度の外面的なことである。

生きた構えとはこの二つを兼ね備えたものであることを知っておくべきだ。

◆力をば抜かんと姿勢直せども
直す動作に力入りたり

人から肩や腕に力が入っているから抜けと注意され、あまりにも力を抜こう抜こうと意識すると却って抜く動作に力が入って、さらに力が入るという悪循環を起こすことになる。抜くという気持ではなく、力を臍下丹田に集める意識でやれば自然と力が抜けていくのである。

◆手打ち駄目如何なる時も腰を入れ
形が乱れず形を乱さず

いつでも腰の入った打突が出来なくてはいけない。しかし現在の剣道は勝ちにこだわる余り相手より早く当たればいいという風潮が強く、腰の入っていない手打ちが非常に目につく。このままでは剣道の真の精神を失うおそれがある。これを正しい方向へと導く一方法として「形」を身につけることが望ましい。

構え

「形」は基本動作であり、それを修錬することによって正確なる剣道の動作の基本を習得し、その上に試合、稽古を重ねること、ごまかしのない理に則った形の崩れない剣道が出来上がる。但し「形」は約束・順序があるとはいえ、それにとらわれて「型」になっては駄目である。極端に言えば形式を破るくらいの気迫に満ちた真剣味ある「形」なら、それでも良いということだ。

そのような「形」の修行を積んだ人の剣道は、動きに無理がないから美しく、芸術的な感銘を観る者に与えるのである。

◆懐中の広い構えと云うものは
力まず余裕のある姿かな

懐の深さは腕の長短には無関係。力《りき》んで腕が縮こまっている人は、懐が狭くなって動作がギコチないし、構えも小さくなり相手に攻め崩されやすい。

ところが、力まない人はゆったりと構えられるから自然と懐が広くなり、「あの人は懐が深い」と表現される。そういう人は自分の間合もしっかりと把握している故、相手の動きに容易に対処しやすく思い通りに戦えるものだ。

懐が深いことはとりもなおさず気持ちに余裕があり、気の溜めも出来るという証といえよう。

◆発声も姿勢正しく行えよ
顎つき出して怒鳴る可笑しさ

構えは良いのに、気勢（声）で相手を圧倒しようとするあまり気が先走りしすぎると、顎が突き出て前傾姿勢となる。それではせっかくの良い姿勢が崩れるため相手に威圧感を与えなくなるし、端からは滑稽な格好に映る。さらにその姿勢では充分に気を溜めることができないから、打突の冴えも欠くことになってしまう。

日頃から鏡の前に立って構え、そして声を出してみて自分の姿勢が崩れていないかどうかチェックを欠かさないことが肝要。矯正すべきところは即刻直し、正しい姿勢をつくる。構えの基本は姿勢だからである。

基本

◆試合でも稽古も審査も皆同じ
　　　　一番大事は基本なりけり

◆慣れ故に兎角基本は忘れ勝ち
　　　　己を諫めて妥協赦すな

一番大事なもの、それは基本である。しかし、ある程度まで上達してしまうと、正面打ち、打ち込み、切り返し、かかり稽古などという基本をおろそかにしがちとなる。それではいけない。そういった基本を常にやるように心がけておかないと上達への道はない。

それ故、これでもう基本はいいんだという妥協をせず、自分自身を諫めて基本に取り組むことを忘れないようにしたい。また時には基本だけミッチリやることも必要だ。即ち〝帰基本〟の精神である。

◆色々と剣の組立て工夫せよ
　　　　基本大事に臨機応変

◆吾が剣の組立て工夫悟りなば
何時か身につく守破離の教え

単に打っていくだけの稽古ではあまりにも能がなさすぎる。それではいくら稽古をしても上達しないだろう。もっと剣の組み立てを考えてやることが必要だ。相手がいるのだからその相手の動きに臨機応変に対処すること。つまりメンあるいはコテやドウ、そしてツキを攻めたときに、相手がどういう反応を示すかを見、隙の出来たところを素早く的確に打突することである。それには先ず自分自身が基本をしっかりと身につけていることが肝要。基本が身についていないと、崩れた体勢で打ったり、打ちに鋭さがなくただ当てるだけとなる。

そうしたことを常に考えて稽古を積み重ね、さらに工夫していくことで自然に体が無理のない動きが出来るようになり、自分の剣の組立てというものが形づくられる。それと共に知らず識らずのうちに守破離の教えが身についていくだろう。

◆剣道は先ず美しく
基本をば正しく強く稽古あるべし

感情ムキ出しにやっている稽古や試合は、とても見るに耐えないもので剣道から逸脱したものである。

剣道はまず美しくあらねばならない。姿勢態度に凜々しさがあれば、見ているものに感銘を与えるものだ。それには地がしっかりとしていなければならない。切り返し、掛り稽古、打ち込みといった基本の中の基本を、日々の稽古において徹底的に正しく強く行うことによってその地は築き上げられていくのである。

間合

◆我よりは近く敵には遠くせよ
　生死の間合心してとれ
◆我に近く敵に遠い間合とは
　攻めと構えの二つとぞ知れ
◆我よりは近く敵に遠くとは
　気をば殺して奪うことなり

間合には遠間、一足一刀の間、近間があるが、一番の理想は自分には近く、敵には遠い間である。それは単に物理的な距離のことを言っているのではない。剣道は自分自身の心と相手の心との闘いである。その闘いに勝つか負けるかをきめるのが間合で、それが生死の分れ目といえよう。そのことを心してかからなければいけない。

そしてその理想の間合には、攻めと構えが重要となる。自分の攻めが利いていればいつでも打っていける状態となるし、また構え（心構え）で優位に立つことにより気持ちに余裕が出てくるので、相手の出方に応じていかようにも対処できるようになる。

では、どうしたら自分には近く敵に遠い間合となるのか。それには相手も〝打つぞ〟〝突くぞ〟という気持ちで攻めてきているので、その気を殺して奪うことが一番だ。そうすれば相手は委縮して動けなくなるか、焦って打ってきてしまう。こうなればまさに〝理想の間合〟といえるのである。

◆間を問えば時間と距離のことなれど
言うに言われぬ打間こそ知れ

間といえば時と時の間《あいだ》のことをいうときもあるし、点と点の間《あいだ》のことをいうときもある。剣道ではその時間と距離の二つを非常に大切にしている。どこで打ったらよいか、それを言葉で表わすと打間という。打間は人それぞれ違うため各々が試合や稽古の場において身をもって会得するしか方法はない。あそこで打ったときは駄目だったとか、良かったとかということを繰り返すことによって覚えるのである。

◆相手の間自分の間をば自覚せよ
間合は彼我の距離のことなり

剣道において間合と間はとても重要視している。人によっては間合と間を同じ意味に用いているが、全く同じ意味とはいえない。間合とは相手と自分との距離のことで、その間合の取り方が良いと自分の技を充分に施すことが出来る。また間は時間的なことを合せもち、打つスピード・タイミングなどのことをいい、自分の間を自覚し、且つ相手の間をもつかむことで「隙」に乗じて逸早く打ちこめる機会を知ることになるだろう。

この二つは知識や理論だけではまず体得、会得できるものではなく、日々の修錬の賜物として体に自然と身につくものなのである。

◆攻め寄せる相手迎えて堂々と　我が間に入れずすぐに追い出せ

◆攻め来たる相手を我が間に誘い入れ　引きつけてから討ちとるもよし

相手を撃退する方法は大きく分けて二つある。その一は相手を攻め崩すことであるが、前提としては相手を絶対に自分の打間（陣地）に入れてはならず、入ろうとする度に直ちに追い返し機を見て逆に相手の陣地に攻め入って仕留める。

その二は相手が攻め込んできたなら追い返す動作を起さず、わざと自分の陣地に入らせて、相手が打突しようとする端を討ちとるものだ。

この二つの策の成否を握るのは構えである。攻防いずれにも都合の良い、正しく整ったもので、且つ気持は高野佐三郎先生が言われた「心広く体ゆたかに」というゆったりと伸び伸びとした姿勢態度をとらなければならない。

◆打ち込んで素早く返す退き胴も
腰をば入れて正しい間合

体当り退き胴を打つ際、大抵の人は胴を打つことばかりに気をとられすぎて、その前の面打ちが疎かになっている。面打ちが当てるだけのため腰が入らず、必然的に胴打ちも手先だけの打ちとなり、腰くだけのような体勢となる。

そこで基本に則った面打ちで体当りすれば下半身が安定する故、的確な胴を打つことが出来る。そしてその際、最も注意しなければならないのは間合。近すぎてもいけないし、遠すぎてもいけない。人それぞれ適切な間合があるから、稽古によって自分の間合を会得し、それを実戦（試合、審査）に於いて生かすことが肝心である。

間合

気

◆乗れば勝ち乗られれば負け気の勝負
打ち打たれるは次の次なり

剣道は気の勝負で、気当りと気当りがぶつかり合って勝敗を争うもの。その気当りの争いで相手に攻め勝って、気持ちで相手に乗った方が勝ちなのである。その後に起こる、面、小手、胴が決まったか決まらないかは気の争いから較べれば重要ではない。〝気で勝つか、負けるか〟が大事なのである。その辺りがわかってくると剣道の面白味というか醍醐味を知ることが出来るはずである。

◆何よりも気の働きぞ大事なり
剣体次に大事なりけり

気剣体の一致の中で、何が一番大事かというと、それは〝気〟。「気の入った攻め」とは気が充実していることをいうが、それではじめて剣体がついてくる。気が充実していないと気の抜けた動きになってしまうのである。

例えば気合を入れないで稽古をしてみれば、如何に気が大事であるかわかる。気が締まってこないから、打っても打った気がしない。また気が漲っていないから剣先に威力が出てこず、相手に与える威圧感が薄れて容易に間合に入られてしまうことにもなる。〝気〟の充実しない腑抜けの勝負とならないように、常に自分の稽古を省みることを忘れず、且つ誰にでも真剣な気持ちで臨むべきである。

◆攻めと退き打ちも応じも皆共に
溜めありてこそ出来ることなり

◆力まずに身体を使え
技前の溜めこそ冴えた打突なるらん

気の溜めのない人は心に落ち着きがないから、すぐに動じてしまい相手の思う壺にはまりやすい。しかし、相手の攻めに動じることのない心の強さを持っていれば、気を溜めることが出来る。その気を溜めることによって、攻める、打つ、応じる、退くという動作がスムーズに行えるのである。

さらに、気の溜めは、冴えた打ちとも密接な関係があり、技前即ち技を出すまでの過程に於いてそれを溜めるかが鍵。六分の力で振りかぶり、相手の打突部位を捉える瞬間に十の力を出すのが理想的だが、技を出す前に力《りき》んでしまっては元も子もない。その時点で既に十の力を出し切っているからで、打突の体勢に入るにつれて力は下降線を描くことになる。

また気の溜めが非常に良い場合は、十の力以上のものが発揮されることがある。それを表わしたのが十二分という言葉。

いずれにせよ〝気の溜め〟の重要性をもっと認識して欲しいものである。

◆気当りを弾き返すか飲みこむか
もたまほしきは不動心なり

相手の攻め崩そうとする気を、その気の上をいく気で弾き返すか、それとも柳に風の如くサラリと受け流してしまう位の広い心で飲み込んでしまうか。どちらも、そうして相手の気を殺すわけだが、それには余裕ある心で、且つ力まずに泰然自若たる構えをとることだ。即ち相手の攻めに動ずることなく、いかなる時にも不動の心構えになるように稽古で努力工夫しなさいということである。

◆心気力タメこそ懸待一致なり
小出しなどせず一気に使え

これはタメた気をいかに使うかを言っている。心気力を一致させてタメた気は、一気に使ってこそ効果は大きい。それをせっかくタメたからといって、出し惜しみし小出しにしていたのでは相手に与える影響が小さいし、さらに自分の持ち味を発揮できなくなってしまう。

懸待一致の気持をもち、ここぞと思ったときに火山の噴火の如くドーンと爆発させる、という使い方でなければならないのである。

攻め

◆前に出る事のみ攻めとは言い難し
退りて攻めのあることも知れ

大抵の人は攻めるということは前へ出るものだと思っているが、これは間違いである。そもそも攻めるというのは、気で攻めることを言うのであって、単に前へ出ればいいというものではない。故に、見た目では退《さが》っていたとしても気で優位に立っていれば、攻めていることになる。それは相手の気で押されて退るのと、相手を誘い出すために退るのでは同じ退るでも違うのだ。退りにも攻めのあることを知っておくべきである。

◆突きで攻め突きで崩して引かば打て
出鼻許すな無理は押さえよ

剣道の攻めの基本は突き攻めにある。攻める際は〝突くぞ〟という気持ちを持って相手の正中線を攻め、気当りで相手に攻め勝つことだ。攻め勝てば相手は無理して出てくるか、退るかのどちらかである。

そして出てきたときは押さえればいいし、退るなら跳び込んでいけばいい。

この攻めの基本を守るには、絶対に自分から無理をして打っていかず、相手に出鼻の機会を与えないことである。

◆剣先の攻め合いなれば我れは中　鍔元攻めて割って打ちこめ

剣先での攻め合いでは、相手の中結を攻める。そして相手が中結を攻めてきたら、今度は鍔元を攻めろということで、常に相手より中へ中へ攻め込んでいき、中心を割って打ちこまなければいけないということである。

◆稽古には知恵絞り出せ師の教え　会得体得自得あるのみ

剣道は知識でなく、知恵で行われなければいけない。それは剣道が理法に則ったものだからで、理で考え、法でそれを実行するからである。

そこで師からの教えを頭だけで理解するのでなく、考えたならば稽古でやってみる。もしそれでうまくいかないようだったらまた違う知恵を絞り出して稽古を行う。そうやりながら師の教えを徐々に自分のものにしていくのである。あくまでも自分自身が主体であることを忘れてはいけない。イザとなれば、頼りになるのは自分しかいないのだから……。

◆捨てきれぬ自我に攻め合い迷えども
見事に決まる無我の一撃

捨て身といっても、なかなか自分を捨てられないもので、そこに迷いが生じる。ところが捨てきれぬ自我で葛藤し合っているうちに、技が見事に決まるという経験をされた人も多いはずである。人からよくあそこであんないい技が打てたなあとほめられても、自分ではどのようにして打ったのか全く覚えていない。そのときの状態が無我の境地といえよう。

◆攻め込んで打たれた時は諦めよ
攻められ退って打たれては駄目

攻め込んでいき、ここだと思って打ったとしても、出ゴテを打たれたりドウを抜かれることがあるが、そのときは相手が自分よりも一枚上手だった、と諦めるしかない。やるだけのことをやったのだから……。

しかし、相手に攻め込まれ、後退したところを打たれるのは褒められたものではない。同じ打たれるにしても大きな違いがあることを知っておく必要がある。それは剣道で重要視されている精神的な面がそこにあるからである。誰だって打たれるのは恐いものだが、その恐さを克服しないことには上達は望めない。とは言っても、ただ闇雲に前へ出ればよいということではなく、精神的に相手を負かす心構えで攻め込んでいかなければならないのである。

◆気当りで構えを崩し隙を見れ　隙を作らせそこを打つべし

相手の構えがしっかりして隙が容易に見出せない時は、隙を生じさせるようにする。それには気位で相手に勝たなければいけない。充実した気当りで攻め込んでいけば、必ずや相手は対処しようとするから構えが崩れてくる。そして隙が生じたところを逃さず〝打つ〟。

相手の構えを何がなんでも崩してやろうという気迫を持つことが大切なのである。

◆剣道も有形の表現なればこそ　無形の動作の深さをば知れ

剣道には有形の表現と無形の動作がある。有形の表現とは面、小手、胴、突である。一方、無形の動作とは打つ前の攻め方をいい、即ち有形の表現を現わす前の動作のこと。どちらかというと有形の表現の方が印象深く感じるものだが、剣道は有形の表現よりも無形の動作の方に深い妙があることを知らなければいけない。それは相手がいるからだ。相手だって隙あらば打っていこうという機会を窺っているはず。それ故、一本のメンを打つにしてもそこに至るまで色々と工夫を施さなければならず、そこに剣道の面白さというか深さがある。

◆攻め合いは我慢と勇気の智恵比べ
中ゆい奪ったら捨身あるのみ

攻め合っているときは、まず我慢が必要だ。大抵の人は中ゆいまで攻め込む前に我慢できずに打っていくため相手の思う壺となる。しかし我慢だけでは勝てないから、その我慢する中で攻め込んでいく勇気を持ち、さらに相手もそう易々とは中ゆいを取らせてくれないから智恵を使わなければいけない。お互いに智恵を駆使するところに剣道の妙があり、これをせずに打っていくのは中味のないものといえよう。そして中ゆいを奪ったならば、間髪入れず捨身で打ち込んでいかなければならない。

◆打って来い打って来いよと誘い出せ
打つぞ突くぞで敵を攻めこめ

立ち上がりは万全の構えで「打ってこい、打ってこい」と相手を誘い出すように攻め、それに乗って相手が行動を起こそうとするところを、逃さず捨身で打ち込んでいくとよい。しかし相手が誘いに乗って来ない時は、気持ちを「打つぞ、突くぞ」に切り換えて敵を攻め込まなければならないのである。

◆表をば崩して表打つもよし　裏を崩すも妙味ありけり

◆表裏攻め手色々あるけれど　表崩して裏を崩せよ

表から攻め崩すのもよいが、裏から攻め崩すことにもとても妙味がある。しかしながら、いくら妙味があるとはいえ、それにこだわって裏一辺倒になるのはよくない。偏った攻め方というのは相手に付け入る機会を与え易くなるからである。

表、裏あるいは表裏、裏表など攻め方は色々あるが、やはり正々堂々と表から攻めていくことが大切だ。その表が強い相手だったら裏を攻め、それでも駄目だったら表裏を素早く攻めるというように攻め方を工夫しなければいけない。

◆攻め合いは手先に非ず腰を出せ
腰をば入れて打ちきる剣を

大抵の人は手先だけで相手の正中線を攻めたり、剣先を押えるか払ったりしている。これでは本当の攻め合いとはいえない。攻め合いで大事なのは腰だ。腰が入っているかどうかが問題なのである。それは手先だけだと全然威圧感がないため恐くはないが、腰が入っていると体ごと攻めてこられるから威圧感を覚える。また腰が入っていれば打ちきることも出来るのである。

◆攻めと云う言葉は気剣体優れ
相手の構え崩すことなり

前へ出るのが攻めと思っている人がいるが大間違いだ。そもそも剣道というのは相手の構えを崩すことから始まる。手元を上げさせたり、構えを開かせたりするには相手の気持を動かすことが大切だ。それが出来ないのは攻めとはいえない。そしてその攻めは充実した気勢、正しい姿勢の気剣体に優れたものでなければならないのである。

◆力む人剣先きかすつもりでも
かえってきかぬことを知る可し

剣先をきかそうと力を入れる人がいるが、きくどころか却って自滅への道を辿ることになる。なぜかというと、それが力み《リキ》となって表われ、相手には何らの威圧感も与えず、その上、動作がスムーズに行えなくなるので相手の隙を見逃し、相手の思う壺に嵌ってしまう。

それ故、無駄な力は臍下丹田に集中させてから、その力を気持で外へ出すようにすると剣先に威力が出てくる。それを出来るだけ自然に行えるように日々稽古することが肝要である。

稽古

◆釣り銭で物を買うような事はやめ
百万投げ出す位の稽古

高段者になってもまだ面を打ってすぐ小手を打つとか、小手・小手・小手と打つ人がいる。そのようなチョコマカした剣道は、釣り銭で物を買うようなものである。そんな小さな気持ちではなく、百万円位ポーンと出して大きな買い物をするような思い切った稽古をするように心掛けなければならない。

ようするに一本で決めろ、ということだ。その一本に自分の命を賭けるぐらいの気持ちで稽古をやる。十本打って、その内の一本でも決まればいいなどという気持ちで稽古をやっていると、だんだん小さな剣道になっていく。高段者なら大きな剣道を目指すべきだ。

◆人の言う若い稽古も二つ有り
嘴《くちばし》黄色の稽古いたすな

〝あの人は若い稽古をするなぁ〟というのと、〝あの人の稽古は若いよ〟というのと、剣道では〝若い〃の使い方に二つある。しかし、この二つは同じ若いといっても意味が大きく異なる。若い稽古をしているというのは、元気の良い稽古をしていることを言っているのだが、稽古が若いというのは、落着きがなく力に頼った稽古をしているのを示唆している。それをまだ一人前になる前の鳥の嘴の色に例えて言っているのである。

またこれらのことは、ある意味では年齢に応じた稽古をしなさいということでもある。

◆不十分ならば素早く打ち返せ　あと打ちするは見苦しきかな

相手の打突が不十分な場合には、こちらは死んでいないのだから相手の技の尽きたところ、あるいは振り向いたところを素早く打たなければならない。が、相手の打突が〃一本〃に値するに十分なときは、あと打ちするのは見苦しい行為である。やられたと思ったら、あと打ちすることなく潔い態度を示すべきであろう。

◆打ち込みと切り返しをば忘れずに　正しい稽古いつも続けよ

打ち込み、切り返しの練習は、いつでも忘れてはならないことである。ところが高段になるとつい忘れがちとなるが、高段者はなおのことしっかりとやっておく必要がある。相手に、正しい打ち込みや切り返しとは、こういうものだということを示す意味もあるし、それがまた自らの剣を向上させる道ともいえる。この打ち込みと切り返しを怠っては、正しい稽古を行っているとはいえないのである。

◆切り結ぶ敵強ければ我れは剛　弱なら柔の剣を使えよ

相手によって剣風をかえる柔軟性も必要だ。相手から跳ね返ってくる気当りが強ければ剛の剣で応じ、弱ならば柔の剣を使えということである。これは相手の剣風に合わせることで同等の立場に立ち、そこから相手に攻め勝っていくのがより効果的だからである。

相手がいるのだから、何が何でも自分の剣道をやればいいというものではなく、常に緩急強弱を心得て相手に立ち向かうべきである。

◆相手をば恐れる故に力むなり　力を抜いて理法の稽古

相手と対峙したとき、相手の剣先に威力がなければ力は入らないが、威力があると恐怖感をおぼえるからつい手に力が入ってしまう。剣道は理法に基づいて行うものだから、力が入っていては心の余裕がなくなるので、打つ機会を逃したりとんでもないところで打ったりする。力を抜くことが出来るようになれば、心に余裕が出てきて相手の動作や技量を判断しつつ、理法に基づいた稽古を行えるのである。

◆いざ来たれ相手致さん我もまた
苦しき稽古積みし身なれば

相手から試合を申込まれた時、相手は自信をもって立ち向って来る。迎え撃つ自分も苦しい稽古を積み重ねて修行しているから、そう簡単には負けられない。そこで「どこからでもかかって来なさい」という心構えを持つことが大切なのである。

◆苦しくも正しい打ち込み切り返し
一生懸命稽古続けよ

稽古は苦しいものだが、苦しくても続けなければならない。そしてその稽古の中でも切り返し、打ち込みそして掛り稽古を疎かにしては駄目である。それらは剣道の基本の中の基本で、疎かにすればたちまち乱れた剣道となる。極端な言い方をすれば、稽古はその三つだけを行っていてもよいのである。しかし、高段者や指導者になると、つい受け身になりがちでそれらをやらなくなってしまう。高段者や指導者というのは範を示す立場であり、いつでも正しい基本が出来るように心がけておくべきである。

◆段により技も位も異なれど　何時も全力恥じぬ稽古を

当然、段が異なれば構えたときの位や腕も違ってくる。しかし、元に立ったときに自分より大分段が低いし、腕が劣るからといってあしらうようなことをしてはいけない。それは真剣に向ってくる相手に失礼であり、恥ずべき稽古である。また手を抜けば必然的にそれが相手に伝わって実になる稽古が出来なくなる。

相手が一級なら自分は初段、相手が初段なら自分は二段だという様に、相手より一つ上の位の気持ちでやるとよい。そうすれば相手と対等の気持ちでやれるから、自分も相手も全力を出してやれるから張った稽古ができ、お互いの実力向上にもつながっていく。

◆唯一途打ち込み切り返し続けなば　無我の境地を何時か悟らん

内藤高治先生が京都におられたとき次のような話があった。

内藤先生が常に稽古をしていた道場近くにお寺があり、そこのお坊さんがある時、内藤先生に「あなたは私がいつ見に来ても打ち込みと切り返ししかやらない。そんなに打ち込み、切り返しがおもしろいですか」と聞いた。すると内藤先生、「私がお寺に行くとあなたはいつも座禅をしていますね。そんなに座禅というのはおもしろいですか」と逆に尋ねた。そしてそのお坊さんが「あれは無我の境地を悟るためにやっているんです」と答えたら、内藤先生も「私も無我の境地を悟るために打ち込み、切り返しに励んでいます」と言ったという。

この話は、その道の基礎となるものを一心不乱に行うことが非常に大切であることを教えているのである。

◆振り上げと半振り上げや放り出す
　　面の打ち方工夫あるべし

◆攻め勝って乗れば直ちに眉間をば
　　半振り上げの捨身の一撃

◆眉間をば割る可く竹刀を放り出せ
　　出鼻の面はスピード第一

面を一本打つにしても打ち方に工夫が必要で、振り上げ、半振り上げ、放り出す等がある。振り上げは相手の面の真上をめがけて打つときに用いるとよく、特に抜き技の際に効果的だ。

次に半振り上げは、言葉の通り半分位振り上げて打つことをいう。これは剣先での攻め合いから攻め勝って中結まで入り込んだら、後は攻撃しか残された道はない故、相手の眉間をめがけて捨身となって面を打ち込む。その中結に入った瞬間、間髪入れず打ち込むには半振り上げで打つと良いのである。但し、人によって半振り上げの拳の位置が違うと思われるので、稽古において自分が一番スムーズに打てる位置を体得しなければならない。

また、放り出す打ち方とは実際に竹刀を放り出して打つのでなく、放り出すような気持ちで打つということである。この打ち方は振り上げでも半振り上げでも間に合わないときに用いるべきで、スピードが第一とされる相手の出鼻を狙う際に最適だ。

このように振り上げるか、半振り上げか、放り出すようにして打つかは相手の状態、癖、剣風などから素早く判断し、それに応じて打ち方を変えていくように心得ておかなければならない。

◆師の教え了解でなく理解する
努力と工夫稽古に活かせ

先生からの教えはその場だけの了解ではいけないし、頭の中だけで解っていても駄目である。体で身に付けて理解することが重要だ。それには稽古において、その教えをどう活かしたらよいか努力と工夫をしてみることである。

◆無駄打ちや後打ち未練打ちはやめ
不十分なら打ち返すべし

無理打ち、無駄打ちがよくないことは勿論だが、その他にも行ってはならない打ちがある。それは後打ち、未練打ちだ。相手から完璧な一本を決められたにもかかわらず、首を振って一本と認めず「まだ、まだ」と言いながら未練たっぷり打ち込んでいく姿はとても見苦しい行為そのもの。一本なら一本と素直に認める気持ちがないと精神面での向上は望めない。

しかし、相手の打突が不十分な場合には、打ち返さなければならないことは肝に銘じておく必要がある。

◆前に出て打たれる馬鹿もあるけれど
前に出て行け打たれる稽古

◆前に出て打たれる稽古続けなば
心に映る相手の動作

相撲とりが引いても押せ、退がっても押せと、兎に角、押せ押せと教えられるように、剣道も退がってはいけない。打たれることを恐がっていては、上達することは難しいのである。だが相手の剣先が利いているときなど嫌なものだ。しかしそこを何とかして打っていこうという気を持って（攻め方を工夫しながら）臨むことが大切である。そういう稽古を積むことにより、自分がこう攻めたとき相手がどう対応をするか、そのへんの呼吸がわかるようになるし、またどこで打ったらよいか（打突の機会）を身をもって体得できるのである。

◆そこここに無駄な力を入れる故
つかれは早く息はあがりぬ

◆無理をせず自然な力で振り上げて
冴える打ち込み修行大切

腕、肩、足などの体のどこか一部にでも無駄な力が入ったまま打ち込み、切り返し、掛り稽古などを行うと疲れが早く、息もすぐに上がってしまう。この状態でいくら稽古をやっても何の実りも得られない。

力が入るのは早く打ちたいという気持ちがあるためで、それにより一挙動で打たなければならないのが二挙動となり早く疲れることになる。その気持ちを無くすには稽古（修行）しかなく、常に一挙動で打てるように心懸けて行うことが大切である。

◆熱心に素直に打ち込み切り返し 続け通せよ如何なる時も

「また今日も打ちこみと切り返しか」という不満を持って稽古を行うことは、上達を望めないどころか剣道が崩れたものとなる。また怪我もしやすいし、疲れも多い。

何事にも不満を持たず、「今日は切り返しを道場の隅から隅まで往復20回」と指示されたら、1回1回をただ一生懸命にやるという素直な気持ちになることが大切だ。これは七段、八段になろうが同じことで、基本を疎かにしてはならない。特に打ちこみ切り返しは基本中の基本だから、いつまでも徹底的に行うことが必要なのである。

◆打ち込んですれ違うことあるけれど 正中線をはずさぬ稽古

相手の正面を打ち込んだ時、大抵の人は打ち終ったら相手の左側ですれ違っている。たまにはそうしたことがあってもいいが、いつもそのようではいけない。基本原則は正中線を外さぬ稽古である。特に打ち込んでいく場合には体当りする気持でいく。即ち真向から相手に戦いを挑む正々堂々とした稽古を心懸けよ、ということだ。

◆一切の無駄をはぶけよ心技体
無駄をば無くす努力稽古を

心の油断や腑抜け、技が無鉄砲、体を無闇矢鱈に動かすというような無駄なことをすると、必ず他に無理が強いられるため崩れた打ちとなる。それ故、心技体に一切の無駄があってはならないのだが、一朝一夕で出来るものでないから稽古する際はそれをなくすことを念頭に置いて励むことが肝要である。

◆引き出して捌いて打つかのって打て
逃げて打っては技は決らず

自分から先をかけて攻めるばかりでなく、相手に隙があるように見せ、その誘いに引き出されてくるところを捌くかのって打つ攻撃法もある。このときの「隙」は有形的に「隙」であっても、無形的には「隙」でないこと。つまり一見無防備に見えるのだが、相手が打ってきたら即座に臨機応変に対処できる体勢にある、という心構えが充実していることである。その前提は逃げの気持がいくばくかでもあると技は決まらない故、常に攻める気持でいなければならない。逃げて打ったのは一本にならないのである。

◆剣道は芸術なれば美しく正しく強く稽古に励めよ

芸術には人を感銘させるものがあるように、剣道もまたそれである。どこが芸術的かというと、所作の美しさにある。それには先ず着装が乱れてはいけないし、姿勢態度もピシッとしていなければならない。つまるところ、美しさの基本というべき構えをつくり、そこから生じる自らの一つ一つの動作が、誰が見ても美しいと感じさせてくれるものでなければならないということである。

しかし勝ちたい勝ちたいと思ってやると、無理して打とうとするから体勢が崩れてしまい、芸術性などなくなってしまう。勿論、剣道は格闘技である故に、その原点にある戦いに勝たなければならないが、同時に心の修養も疎かにしてはならないのである。

◆五、六人元立ち並べて連続の面打ちは無駄当てるだけなり

五、六人元立ちを並べて連続面打ちの稽古を見掛けるが、あまり意味のない稽古と思われる。人数が進むにつれて間合が近くなり、当てるだけの稽古になっていくからだ。そういう稽古をしていると、

稽古

打つのは早くなるかもしれないが、剣先の攻めというものはいつまでたっても身につかず、当てっこ剣道となってしまう。

面打ちの場合は特に、攻めに攻め、気を臍下丹田に充分溜めて一本一本打ち込んでいくような稽古を行うことが大切なのである。

◆他人より一粒も多く汗をかけ　剣の上達稽古あるのみ

◆目標を確《かく》と定めて鍛錬と　工夫なければ上達は無し

極端な例だが人が五粒の汗を流したら、自分は六粒の汗を流す。即ち人より多く汗をかくことが上達への道である。しかしただ闇雲に汗を流せばよいというものではない。それでは疲労するだけである。先ず目標を確と定め、その達成のためにはどんな稽古をしたらよいか考えた（工夫）上で鍛錬することが大切。工夫だけでも駄目だし、鍛錬だけでも駄目で、その二つが一体となってはじめて効果的となる。が、最初からスムーズにいくことは稀な故、失敗したら何処が悪かったかを反省し、再び試みて繰り返し繰り返し行って会得するよう汗を流す。そういうひたむきな汗こそ上達する道なのである。

◆気力こめ一足一刀の間合より
腰をば入れて打ちきる稽古

一歩出れば相手に当たる、一歩退がれば相手の打突は当たらないというのが一足一刀の間合。その間合から腰を入れて打つことを心懸けた稽古をしなければならないのだが、大抵の人は打ちたい打ちたいの気が先走りするため手打ちとなり、腰が入らない。

それ故に、腰を手より一瞬早く出すような心持ちで打つようにすれば、体は自然と前に出ていき非常に楽な打ち方が出来るようになる。それを体で会得すべく先に述べたことを念頭において、日々の稽古に励むことである。

◆元立ちの発声半分習技者に
残り半分我が為にあり

元立ちは習技者（掛かる者）と一緒になって声を出すことが大切。習技者の状態を見て、疲れているようだったら元気づけてやるし、気が抜けていたらハッパをかけなければいけない。また気が充実していたら持続させるようにと、臨機応変に声をかけてやる。これだけだと元立ちの発声は習技者の為だけかと思われるが、それは半分でしかない。残り半分は元立ち自身の為。声を出していないと知らず識らずのうちに元立ちは気が抜けがちになるので、それを防がなければならない。元立ちと習技者が気の合った稽古をしてこそ実になるのである。

◆頭にて理解の会得心がけ
　体で覚える体得大事

◆会得して体得したらあとは唯
　百錬自得の稽古あるのみ

◆意識して会得体得なし得れば
　自得はいつか無意識にあり

先生から注意を受けたなら、まずその言われたことの意味を理解する。これが会得。次に会得したことを稽古でやって体に覚えさせる。これが体得。会得し、体得したらあとは自得あるのみ。会得も体得も意識して得られるが、自得は無意識のうちに身につくものである。それは幾度となく会得体得を繰り返しているうちに、いつとはなしにひとりでに得られるであろう。

常に向上心を忘れずに日々の稽古をやることが肝要だ、ということである。

◆身を捨てて打つか応じて打ち決める

体の捌きと手の内を知れ

相手と対峙したなら捨て身で打つか、さもなくば相手を引き出して応じ技（すり上げ、応じ返し、抜き、打ち落し）で対応しなければならないが、その際、冴えた技にするには体捌きと手の内が一体となることが必要である。体全体をリラックスさせ、ことに肩や手首を柔かにして手の内をよくすることを心懸ける。そして捌いて出るのではなく出て捌くようにすれば冴えた技となる。体捌きと手の内はきわめて密接な関係にあることを知っておかなければならない。

◆力抜く稽古重ねて角《かど》を取れ

角が取れれば円くなるなり

硬い剣道をする人は角がある。つまり無駄な力が入っているために動作に流れがなく、剣道が一つ一つ区切られたもののようになっている。それは精神的な面が作用しており、打とう打とうということにとらわれすぎていると、ついつい力が入ってしまう。

その角を取るには臍下丹田に力を集中させるようにし、何処からでも打ってこいという気持ちで稽古を積重ねることで、角は徐々に取れて円くなっていくだろう。

◆退き足の歩幅は左右七三に

打ちこむ足も七三にせよ

退き技を打つ場合、左足を少しだけ退いて、打突すると同時に右足を大きく退く人が結構多いが、それでは体勢を崩してしまう危険性が高く、かつ崩れたところを乗られ易い。しかし、左足から思い切りよく退けば溜めが出来、打突すると同時に右足を少し退げればスムーズに行えるはずである。で、どれくらいの歩幅で退がったらよいかという目安が、左七右三ということ。

また打ち込む場合、大抵の人は気持が先走りするためか右足に重心がかかりすぎて左足が残り、半身の体勢となっている。故に、左足で踏み切り、左は七、右は三ぐらいの歩幅にすれば腰が入って体勢も崩れることはない。

◆相手をば打った打ったは空鉄砲

勝った勝ったは下駄の音なり

稽古でも試合でも、ただ打てばよいと考えているのは、相手を打ち負かそうという気（実弾）が入っていないから空鉄砲と同じだ。その気の入っていない打ちで当てて勝ったとしても、下駄の音が「カッタカッタ」と聞こえるが如く、ただそれだけでしかない。相手もやられたとは思わないものである。相手を本心から「マイッタ」と言わしめてこそ勝ちであり、それには気の入った打ちをしなければならない。

◆構えても打ちも退るも左手は
中心線をはずすべからず

竹刀を構えて相手と対したときの体勢は、攻防いずれにも都合の良い正しく整ったものでなければならない。そうすれば攻防動作は意のままである。その要の一つが左手で、どんな状態に陥っても左手は相手の中心線（正中線）上にあることが大切である。中心線を外すことは体勢が崩れる元となり、ひいては攻防動作が意のままに行えなくなってしまう。

◆思いきり足腰打たれこの痛み
忘れず稽古励めとぞ言う

誰しも一度は先生に稽古中、腰や足などを叩かれた経験があるだろう。それは腰が出ていなかったり、足の踵が必要以上に上がっているという欠点を教えるために叩くのである。叩かれると痛いのは当然だが、何故そこを叩かれるのかをよく考えなければいけない。その痛さを忘れることなく意識して稽古に励めば必ずや直る。しかし無意識でやっているとまた同じ目に遭うことになる。

先生は叩きながらも心の中で「この痛みを忘れずに稽古せよ」と言っているのである。

切り返し

◆間違いの稽古打ち込み切り返し
やればやる程悪くなるなり
◆切り返し受けは左手よくしめて
退りは早く出はゆるやかに

たとえば右手に頼った正面打ちは、やればやる程右手に頼るようになり、全然進歩が望めなくなる。それと同様に、切り返しや打ち込みも正しいことをやらず、間違った稽古を続けていると悪くなる一方となるから、即刻、やめるべきである。

さて、切り返しを行うとき、受けは打つ方を引き立たせるようにしなければならない。が、受けの左手がよくしまっていないために、支点が定まらず、フラフラしてまるでチンドン屋の旗振りのようになってしまっていたり、退るときにゆっくり退って前へ出るとき早い人をよく見かける。この二つのいずれか一つでも受けがやると、打つ方は非常にやりにくいものである。

そもそも切り返しとは、打つ方は受けの太刀の冴えの返りを利用して打つものであるから、受けの左手がよくしまっていないと、その冴えの返りが出てこない。また打つ方は手を伸ばさなければいけないのに、受けにゆっくり退られると手が伸びないし、退がる時も早く前へ出て来られると同じ状態になる。

故に、受けは相手の打ちを受ける瞬間、左手をよくしめて（左手は臍前に置き、左右に少しだけ動かす）、退るときは早くし、出るときはゆっくり行うことが大切である。勿論、打つ方も相手の正中線に対して左右45°の角度から相手の面（竹刀ではない）めがけて打ち、その際、手の内の冴えがなければならない。その二つが一体になることで本物の切り返しとなるのだ。

◆切り返し基本正しく振り上げよ　腰を落さず臍をつき出せ

◆切り返し肩を廻して刃筋立て　声を絞り出せ続くかぎりは

切り返しは先ず真っ直ぐ振り上げ、左右45度の角度から打ち込む。その際、腕と一緒に腰がスーッとついて来ていなければいけない。ところが大抵の人は、膝で調子をとりながらやるため腰が落ちてしまっている。これでは正しい切り返しは出来ない。腰が落ちないようにするには、〝臍〟をつき出すようにすれば良い。そうすれば自然と腰が落ちないようになるし、背筋もシャンとして無理なく腕と腰が一体となる。

また、肩が廻っていない切り返しを見かけるが、これでは刃筋の立った打ちが出来ない。それは手だけで打っているからである。手打ちにならないためには、無理して早く打とうとせず〝ゆっくり、大きく〟打って手の内の冴えを生みだすようにやることが大切である。さらに最後まで声を出すことも心懸けるようにしたい。苦しくなると声が出なくなり打つだけとなるが、とにかく絞り出せる限りの声を出し、それでも声が出ないときには出そうという気力だけは最後まで失ってはならない。

◆切り返し左拳が正中線はずさぬ 打ちと間合正しく

◆切り返し左面より右面の返しが悪く 手の内しまらず

切り返しの時、相手の竹刀めがけて打っているのをよく見かけるが、竹刀は便宜的に用いているにすぎず、あくまでも相手の左右面が的で、必ず相手の左右面を的確にとらえていなければならないのである。その際、左拳が正中線から外れてはいけない。それには相手との間合を充分に考えてやることが重要。遠くても近くてもいけない。

また、左面を打つときは良い打ち方をしていながら、右面のときになると大抵の人が悪い打ち方に

なってしまう。それは右面を打つときに手の内の返りが悪いためである。右手に頼りすぎているからで、左手を正中線から外さずに相手の右面に向くように手の内を返せば、自然と良い打ち方となり手の内もしまってくるはずである。

正しい切り返しが出来るようになれば、必然的に上達への道が拓けてくるだろう。

◆切り返し前後の運び腰を入れ
　打ち手留手は茶巾絞りに

切り返しは手打ちになりがちであるが、それでは切れ味よい打ちはいつまでたっても生まれてこない。打つときは、やはり腰が入っていないと駄目である。前進後退する時に腰をしっかりと入れて足捌きを行い、手の内をしっかりと返して打ち手（右手）と留手（左手）を茶巾絞りのように一瞬だけピシッと締める。また元立ちも相手の面を受ける瞬間、茶巾絞りのごとく手の内を締めることが大切である。

◆竹刀をば狙って打つ故腕のびず
　刃筋のたたぬ切り返しかな

切り返しは相手の左右面めがけて腕をしっかり伸ばし、手の内に冴えをきかせて打たなければいけない。それには間合が重要。ところが相手の面でなく、あまりにも竹刀にとらわれすぎて、その竹刀めがけて打つために適切な間合となっていない。そのため手先だけの打ちとなり、大きく打てないし肘も伸びず、刃筋もたたない切り返しとなる。竹刀は便宜上のもので、何をめがけて打つかをはき違えては駄目である。いつ竹刀を外しても相手の左右面を的確にとらえているようでなければいけない。

◆切り返し姿勢間合に気力をこめ
脇をば締めて肘はのばせよ

切り返しには剣道における大切な要素が凝縮されているといっても過言でない。しかし、ただ切り返しを数多くこなせばいいというものでもない。正しいことをやらなければ実にならないのである。背筋をピシッと伸ばして姿勢よく、充分に腕が伸び切る（脇を締めて）適切な間合（相手の左右面に物打ちが正確に当たる）をとり、足捌きよく気合をこめて打つことが正しい切り返しを行うための心得。ところが、体勢が前傾あるいは後ろに体重がかかっている人、また大きく脇を開けたままやっている人が結構多いのである。そういう打ち方だと肘が伸び切らないから手の内が締まらず、中途半端な打ちになってしまう。かといって構えたときから姿勢正しく脇を締めていると、余計な力が最初から入ってしまうためこれも悪い打ち方となる。

そこで、特別な意識を持たず自然のまま中段に構え、力を入れずに振り上げて振り下ろし、打突部位をとらえる寸前に一瞬だけ力を入れるとよい。そうすると脇が締って肘が伸び、手の内も締まって打ちに冴えが生まれてくる。

正しい切り返しが常に行えるようになれば、地がしっかりしているという証にもなるから、決して疎かにしてはならないのである。

◆切り返し元立ち常に工夫せよ

間合の受け方前後の運足

切り返しの時、元立ちは漠然と受けているだけでは単なる打ち込み台にすぎないから、常に工夫研究をすることが必要不可欠。

例えば受け方一つにしても、掛る方が無理なく打てる間合の取り方を心懸けることが大切である。退る際は相手の打ちを受け止めたなら、素早く一歩退って丁度よい間合をこしらえた後、やや速めに後退する。次に前進する時は、元立ちは一旦止まって出ていく合図をし、ゆっくりと前へ進むのが良い。即ち元立ちは相手の打つ間合、速さ、前後の運び足の速さなどを素早く的確に判断して、掛る方を引きたてることを念頭において行わなければいけないのである。

◆切り返し受けたらすぐに面と胴
打ち込む機会知るが元立ち

元立ちは切り返しをただ受けているだけでは駄目である。相手の面を受けたとき、相手の面や胴をどのようにして打ったらよいかという心持ちが必要だ。打つ機会を考えながらやるのも元立ちする上で大切なことと知っておくべきである。

打ち込み

◆右手も五左も五なり十で打て
　　右手が勝てば刃筋曲らん

◆七、八の力で構えふりかぶり
　　打ちきる時は十で使えよ

◆最初から十の力で打ち込めば
　　命中《あたり》は弱く七、八となる

元来、右利きの人が多いから右手で打ち、右足で踏み込もうとする。そのため刃筋が曲ることになる。それではいつまでたっても本物の技を生み出すことはできない。左手、左足も均等に使いバランスをよくする必要がある。右も五、左も五の力で打てば、刃筋は曲らないのである。

では構えたときから右手も五、左手も五の力が必要かというとそうではない。最初から十の力で打とうとすると、相手に命中《あたる》ときにはどうしても弱くなり七、八となってしまう。仮りに十の力で命中《あた》ったとしても冴えがないものとなる。打突には何よりも冴えが必要である。

それには七、八の力で構えた状態から振りかぶり、命中《あた》るときに十の力を出して打ちきることが肝心。十の力を出すには、打突の瞬間、手の内がしっかり締っていなければならない。そこから冴えが生れ、本物の技となる。

◆構えをば崩して打つは二拍子ぞ　崩しと打ちは一拍子なり

攻め込んで打突する場合は、相手の構えを崩し、そして打つという二拍子の動作ではいけない。相手の構えを崩した瞬間にはもう打っていなければならないのである。即ち、相手の構えを崩す、打つを一連の動作として行うことが一拍子である。

◆力抜け力抜けと言い聞かせ　構えた時も打ち込む時も

構えると肩に力が入ったり打つときに力が入る者は、構えたときや打つ前に「ヤァー」とは言わず「ヌケー」と言ったほうが力が抜けやすい。「ヌケー」とは力を抜けということで、発声するとき「力抜けー」ではおかしいから、「力を」を口の中で言い、「ヌケー」だけを発するのである。

これを繰り返し繰り返し行なうことにより、体が自然と余分な力を抜くことを覚えてしまう。すると構えた時も打ち込む時も力が抜けて、無理のない構えがとれるようになるし、鋭い打突が生まれてくる。

◆半歩でも必ず送れ左足
打ったら突く気で出るが小手打ち

大抵の人は、小手を打つと体が逃げてしまっている。それは打ったら直ぐに逃げられるようにと左足が残っているためである。小手を打つときはその左足を一歩、いや半歩でも送ることが大切で、そして打ち終ったらいつでも相手を突ける状態になっていること。それには突く気で小手を打たなければならない。

◆左手が正中線を外れなば
如何なる打突も無効と知るべし

技を出したときに左手が正中線から外れていると、いくら見事に決まっていてもその技は無効である。それはただ当てただけにすぎず、斬れていないからである。このことに十分に留意して稽古に励まなければいけない。

打ち込み

◆打ち込みは力を抜いて振りかぶり
右眼を狙って正確に打て

打ち込みを見ていると、大抵の人の面打ちは中心から外れて右の方へ流れてしまって冴えがみられない。この原因としては右手の方が勝ってしまっている上に、狙いを相手の中心としているからである。狙いを中心とせず、相手の右眼として打てば中心部に決まるであろう。但し、打ち込んでいくときは力を入れずにスッと振りかぶり、振り下ろすときに一瞬だけ力を入れて行うことを充分に心がけることが大切だ。そうしないと冴えた打ちに結びついてこないからである。

◆打ち込みは数を打っても効果なし
工夫研究の努力なければ

打ち込みは数をこなせば効果があるというものではない。特に惰性で、今日は50本やった、100本やったでは単に数が多いだけで何の意味もないものといえる。そこで、打ち込みの効果を出すには考えた稽古をする必要がある。考えた稽古とは、どういう間合のときにはどの技を出した方がよいとか、大きく振りかぶって打つか、担いで打つか、攻め込んで打つとか、これ以外にもまだまだある。そうした創意工夫の研究努力を重ねた稽古を行うことで、効果があらわれてくる。

◆小手面と二段打ちをする時は
惰性で打つな決めて打ち込め

小手面の二段打ちというのは、小手が不十分だから面で決めようと面を打つのである。ところが小手が見事に決まっていながらも、さらに面を打っていくのを見かけることがある。それは小手を打ったならば必ず面を打たなければいけないと思っているためだ。これが惰性。普段、その惰性で連続技の練習を行っているからである。技を出すときは一本で決める気持ちで打ち込んでゆくことが肝要だ。

◆打ち込むも剣先つかえ退《の》けぞれば
勝負決らず相打ちとなる

◆打ち込んで剣先身体につかえても
相手退れば我れに利あり

自分が機会をみて面を打っていったとき、打突がしっかりと相手の面部をとらえていたとしても相手の剣先がしっかりと正中線から外れていないで動きを止められた場合は、相手の剣先が生きているから一本にはならない。これは相打ちで勝敗なしである。

ところが、正中線が外れていなくても相手の勢いを止めることが出来ず、その勢いに押されて退ってしまった場合には打った方に七〜八分の利があるといってよい。それを一本に採るか採らないかは、そのときの状況を判断しての審判の裁量にもよるが、「メンあり」と言われても仕方ないであろう。

◆眼と臍の位置は正しく一直線
打ちこみ注意顔の上げ下げ

打ち込んでいくときは眼が臍より前に出てはいけない。眼と臍は一直線であることが大切であり、それも斜め（前傾姿勢）の一直線でなく構えたときとほぼ同じ体勢での一直線。また顔は打ち込んでいく前後において正面をじっと見据え、決して顔を上下させてはならないのである。

◆打ち込みは気合で敵を圧倒し
すかさず面に乗ってゆくべし

剣道ではまず充実した気合が必要だ。その気合で相手を圧倒することが勝利への第一歩。そうすれば気合が剣先へと乗り、相手の攻めにも動ぜず剣先が上がらなくなる。逆に相手の剣先が上がるから、そこをすかさず面を打っていけばよい。

◆竹刀をば手に握れども腰でもて
手打ちを止めて腰で打つ可し

実際は手で竹刀を持っているのだが、腰で持つ気持ちで構える。手で持っていると思うから手の方が先に出てしまい手打ちとなる。それは腰が出ていないからで、腰で持っている気持ちで打っていけば手打ちとならないで済む。

◆打ち込んですぐに眼をば離すなよ　打ちはどうだと眼にて問うべし

打つ前は相手をよく見ているのに、打った後すぐに相手から眼を離す人がいるがそれはよくない。眼を離すことは非常に見苦しく、また体勢も崩れてしまうため次の動作に移りにくくなる。

故に、自分の打ちは「どうだ！　一本か」と眼で相手に問うように心懸けて行うことが大切である。

◆打ち込みと受けも共に　眼あきらかになると云う徳修行大切

打ち込みの十徳、受けの八徳という言葉がある。打ち込んでいく方は足腰がしっかりするとか、手の内の冴えがよくなる等の徳があるし、受ける（元立ち）方も打つ機会、間合の取りかたがわかる等の徳がある。そしてその徳の中で打ち込み、受けに共通する徳がある。それは眼があきらかになることで、即ち相手の技量、動き、癖などをしっかりと見れるようになることである。

一眼二足三胆四力という言葉からもわかるように、剣道では眼が一番大切。その眼をあきらかにするべく修行しなければならないということである。

◆打ち込みは約束事であるけれど　元立ち常に相打ちの気を

打ち込みは元立ちが隙をつくり、そこを打たせる約束事。しかし元立ちが一方的に打たせるだけになると、掛かる方も単に打てばいいという気になるのが恐い。それでは人形を置いて打たせるのと同じことだから、打ち込みを行う意味がなくなる。人間同士が行う上は、互いに気を張ったものでなければならず、それには元立ちは打たなくとも常に相打ちの気構えでいることが大事で、相手の打突が打突部位をとらえる寸前まで剣先を相手の正中線から外さないことが肝要なのである。また時には、十本打たせる内の最後の一本だけは元立ちも実際に打ってみるのもよい。打ち込みがより効果的なものとなろう。

◆腕だけで打つな腰出せ左足　張らず曲らず歩幅正しく

腰をしっかり出さないと腕だけの打ちとなる。腰を出すには足捌きが非常に重要だが、その足捌きは年を経るにしたがって変えていくことが必要となる。

バネがある若い時は一足一刀の間合から打てるが、バネが衰えているのにその間合で打つと、無理があるから腰が出ずに体勢の崩れた（腕だけの）打ちになる。そこで継ぎ足で打つようにすると無理なく打てる。それも出来なくなったら、剣道形七本目の打太刀の足捌きよろしく左、右という歩み足で打てば腰も残ることはない。これを二足一刀という。

このように足捌きは変っていくわけだが、どの場合においても左足はピーンと突っ張らせても駄目だし曲げても駄目。左膝の関節に微妙な弛みをもたせリラックスさせておくことが大切で、そうしないと足の運びがスムーズにいかないため腰も出なくなってしまう。さらに自分に合った歩幅も体得するよう心懸けたい。

いつまでもバネに頼った剣道をしてはならず〝年齢に応じた剣道をせよ〟ということである。

◆振り上げは力をぬいて柔かく　打ちは一気に速く烈しく

◆振り上げに力むが故に打ち下ろす　竹刀は一瞬遅れると知れ

打つときには一気に速く烈しくなければいけない。即ち一拍子で打て！　ということである。そのためには振り上げる際、力を抜いておくことが肝要だが（必要最小限度の力で楽な気持ちで振り上げるとよい）、大抵の人は無駄な力が多すぎるため、振り上げと打ち下ろしの動きにメリハリがなく平凡な打ち方になってしまっている。

また、振り上げの際に力が入っていると、相手より出が一瞬遅れてしまう。振り上げの際の余計な力が力《りき》みとなって現われ、打ち下ろしがスムーズに行かなくなる。さらに上体にも力が入っているから足の運用も思うようにいかず、相手の竹刀より一瞬遅れることになるのだ。

◆打ち込みは同じに見えて大差あり 握力でなく冴える手の内

いうまでもなく打ちは一本一本冴えたものでなければならない。それには手の内の締めが大事であるから、握力（竹刀を握ったままの状態、即ち力まかせに打つこと）で打ってはならないのである。ところが、見ただけでは手の内で打っているのか、握力で打っているのかは判別しにくく同じように映る。が、実はその二つの打ち方では天と地ほどの大きな差がある。

力が抜けた人こそ上手になると言われるように、握力で打つことを早く卒業して手の内を十二分に活かした打ちをマスターすることが上達への道である。

それ故、ピシッピシッとした手応えを感じとるように、一本一本確実に打ち込んでいくことが肝要。

そういう稽古の積み重ねによって、自然と手の内が冴えた打ち方を覚えていくのである。

◆打ち込んで目をば離すな相手の目
すれ違うまでしかと見つめよ

大抵の人は打つところまでは相手をしっかりと見ている。が、打った瞬間には目をそらして逃げの体勢に入ってしまう。これではいけない。打突直後から残心に入っていると思い、相手がどういう反応を示すかを見届けるためにも、すれ違うまでは相手から目を離してはならないのである。

◆踏み込んで一刀のもとに打ちおろせ
余計な勢い無駄と知るべし

技を出すときは、ただ矢つぎ早やに打てばよいというものではない。鋭い技というのは肚を据え、相手の動きを冷静に見守り、機と判断したならためらうことなく一刀のもとに打ちおろすものである。そして打突後は自然に力が抜けていき、二、三歩進んだらまた元の姿に戻る。ところが、打ったら二、三歩で止まらずにすっとんでいく人がいるがこれは無駄なこと。そんな力があるのなら打突するときに全て使わなければならない。そうすれば余計な勢いも生まれてこないだろう。

◆打ち込んで上体の力抜けぬ故

相手に拳突き刺さりけり

打ち込んだら直ちに上体の力を抜いて元の姿に逸早く戻らなければならないのに、力が抜けていない人が結構多いようだ。それは打突した人の拳が相手にぶつかっている光景をよく見るからである。力が抜けていればそんなことはまず起らない。

打突後は力を臍下丹田に集中させるような心持ちで行うことが大切である。

◆踏切って踏込めたただちに引きつけよ

高き足音 埃《ほこり》立つなり

剣道では「足の裏を見せるな」とよくいわれるが、それは足の裏を見せるような踏み切り方では体勢が崩れてしまって正しい技でなくなり、手先の技となるからだ。とくに「馬の足」といわれ、前足を高く上げて踏み込む足遣いは音だけ「ドーン」と大きくて埃が立つだけで、踵を痛めるし疲れるだけである。また最近は左足を一本の棒のようにして突っ張りながら打っている人が多いが、これも即刻やめた方がよい。例え当っても打ちに冴えがないから一本にならないだろうし、正しい体勢、正しい技の基をなす腰を悪くする要因にもなる。

打ちこむときの状態は、無理のない体勢から左膝を軽くまげ、踵を少し浮かせて踏み込むや素早く左足を引きつけるのがよいだろう。その際、足の裏を見せてはならないのは言うまでもないこと。

いずれにしろ剣道においては、一瞬の差が明暗を分けるだけに、距離を多く跳ぶことよりも、出足を如何に速くするかが重要だ、ということを肝に銘じておくべし。

◆自分から剣先避けて打ち込むな
相手が避ける打ち方をせよ

相手の剣先が恐いからと、その剣先を避けるため横に体を捌いて打つ人がいるが、それではいつまでたっても正しい打ち方が身につかない。また避けるということは、相手から見れば自分の剣先が利いているのだと実感させることになるし、打っても体が逃げているから小手先の技となる。

だから自分から避けるのではなく、逆に相手が避けるような打ち方をしなければならない。例え相手の剣先が利いていようとも恐がらず、真正面から相手に打ちこんでいくことが肝要。要は捨て身になれるか否かである。

機会

◆気争い剣先殺せ構えをば
崩して作れ打突の機会を

相手の剣先が利いていたら打ってはいけない。打つためには相手の剣先を殺し、構えを崩すこと。そこで大切なのは、気で勝つことである。自分の気を相手に当てることを気当りといい、気当りで相手に勝って構えを崩すのだが、相手もそうはさせじと気当りでくる。それが剣先での激しい争いとなり、そのところで勝たなければいけない。そうすれば必ず相手の構えは崩れ、打つ機会が生まれてくるのである。

◆点滅の信号に似て打突する
機会は瞬時に消え去りにけり

打突の機会というものは、そんなにしょっちゅうあるものではない。機会は一瞬のことで、すぐに消えてしまうことを心しておかなければならない。それを点滅する信号に例えて言っているのだが、

その機会を逃さないためには相手より気持ちの面で上にいること。それは相手に攻め勝っていることをいい、おのずと打つべき機会が見えてくるのである。

◆打突する機会も知らず思い切り
打出て行けば自爆となりぬ

◆隙なきは攻め込む機会を作る可し
攻めて抑えて誘う工夫を

剣道は構えたら直ぐに打っていくのではなく、理に則った打突をしなければいけない。相手に隙がなく打つ機会でないにもかかわらず、打っていくことは相手の思う壺となる。これを自爆行為という。

では、相手の構えがしっかりとしていて隙がない場合はどうしたらよいか。自らの手で打つ機会を作るのである。それには中へ一歩攻め入るとか、相手の竹刀を押えるとか、あるいは相手を前へ誘い出すように等と色々と工夫しなければならない。

◆隙あれば直ちに打たん
隙なくば構え崩して機会を作れ

相手に隙があったなら逃さず直ぐに打たなければいけないが、相手に隙がない場合は、相手の構えを崩すことが先決となる。

相手も好んで自ら隙をつくってはくれないから、剣先でグッと強く押すとか、横から攻めたり一歩退いてみるなどして相手の構えを崩す工夫をする。そうすれば必ず打つ機会が生まれてくる。自分でその機会を作りださなければ、いつまでたっても打つ機会は訪れてこないし、手をこまねいていては逆に打たれてしまうだろう。

◆体当り腕で押さずに肚で押せ
次の動作の機会を逃すな

体当りのとき腕で押しているのをよく見かけるがそれでは次の動作へ容易に移れないため、みすみす良い機会を逃すことになる。肚で押すような気持ちで体当りすれば、腕に力が入らないし、自然と腰もついてくるので体勢が崩れることもなく直ちに次の技を出すことが出来、良い機会を見逃さなくなるだろう。

◆気を殺せ気をば奪えばしめたもの

直ちに乗って打突を決めよ

剣道は気当りと気当りのぶつかり合いである。その気当りのぶつかり合いの時に、相手の気を殺し、且つ気を奪ってしまえばもう勝ったも同然といえる。逆に相手に気を奪われてしまうと窮地に追い込まれることになる。

故に、その気当りでいかに勝つかが重要な点である。相手の気を奪ったら間髪を入れず打突を繰り出して、止《とど》めを刺さなければならない。油断していると、相手につけこまれる危険性が大きい。

◆打突する機会を狙い無駄打ちをせずに

我慢をするが肝要

十本打った中の一本が決まればいいというような考え方で稽古や試合に臨んでいると、打つ機会がいつまでたってもわからず上達の妨げとなる。それは我慢をしていないからだ。我慢してどこで打つべきかを考えるべきである。相手との攻め合いにおいて我慢することで、相手に隙を生じさせ、そこを打つ。但し、我慢の見極めを誤ると、居ついてしまい逆に打たれてしまう。どういう局面で初太刀を出すかで、その人の技量もおのずと判断されると見てよいだろう。初太刀の大切さを十分に認識しておくことにより我慢ということもわかってくるはずだ。

◆胆を練り見きれ思いきれ打ちきれよ
起手こそ隙のあることを知れ

胆を練るとは物に驚かない気持ちを養うことである。見きるとは相手の動作、技量などを見極めること。思いきるとは、ここぞと思って決断したら勇気を持って打ち込んでいくことで、思いを残してはならない。打ちきるとは手の内の冴えを利かせるために腰を残さないことである。

そしてそれらを肝に銘じておき、相手の起手を狙うのが最良の方法である。どんなに立派な構えをしていても打つときは隙が生じるから、その起手を見逃さないためにも胆を練らなければいけないということである。

◆気で攻めて出鼻のがすな引いたなら
剣先つけて追い込みて打て

打突の機会で最も大事なのは出鼻で、そこは絶対に逃してはならないところである。が、いつも相手が出て来てくれるとは限らない。退がって間を一旦切ろうとする者もいる。そういう相手の攻め方は、まず剣先を相手の正中線から外さずに攻め込むことが肝要だ。それを怠ると、威圧感が薄れるため逆に相手に出小手を打たれる危険性大。次に攻め込んだなら、相手のひるむところを素早く打突しなければならない。その際、もし一本目がかわされたとしても二本目、三本目と打てるように腰で打つ心持ちでいることが大切である。

◆正中線攻めて窺う打突時の
機会の点は無数とぞ知れ

◆打突する機会の点は決め難し
千差万別間合と勇気

正中線とは言葉のごとく体の中心を走る線のことで、剣道において剣先でそこを攻めるのが常套手段と言われている。それはその線上に打突の機会を生み出す点が無数に存在しているからである。それ故、眉間を攻める人、喉元を攻める人など千差万別であり、一概にどの点と決めるのは難しい。各々が攻めやすいというか、体勢十分に攻めることが出来る点が必ずあるはずだから、そういう自分の点というものを持たなければならない。それには勇気を持って相手と戦い、自分の間合を知ることが肝心なのである。

◆相手をば呑み込む程の気位で
たぐりよせつつ出鼻のがすな

◆相手をばたぐりよせつつ間をつめて
間髪入れず出頭を打て

これは上段の構えをとる人の心得の一つである。

上段は火の位であり、攻撃的な構え。また別名天の構えともいい、上から相手を圧倒する構えでもある。だが、最近の上段を見ていると、気迫に乏しく風格もなく、相手がやりにくいだろうという安易な考えで上段をとっているように思えてならない。

上段をとるなら相手を呑みこんでしまうような凄じい気迫で気を奪い取る。そして糸をたぐり寄せるが如く、相手が知らぬ間に自分の間合へと誘い込み、起こり頭に振り下ろす。その機会は絶対に逃してはならないのである。

◆相手をば思う壺にと誘い込み
機会逃すな有効打突

相手を如何にして自分の思う壺に誘い込むかが剣道の大きな妙の一つである。例えば小手を得意とするなら、相手の剣先を表から軽く押さえ、相手が中心を取り返そうと押し返してくるところを小手を打つ。また面が得意なら、相手の剣先を表から押さえつつ間合を詰め、相手がこらえきれず動じたところを面を打つ。これはほんの一例にしかすぎず、様々な攻め方が考えられる。また相手も、得意技が打てる展開にどう持っていくかを考えて戦っているのだから、その駆け引きの中で相手の動きを利用してもよいのである。

自分なりに創意工夫しながら考えて打突の機会を作り出し、それを逃すことなく打たなければならない。

◆自分から交刃の間に攻め入りて 何で退るかあたら好機を

相手に攻め勝って交刃の間(打ち間)に入りながら、相手が何らの抵抗も見せていないのに何もしないで退ってしまう場面を見かける時がある。これでは折角の好機をみすみす自らの手で逃していることになる。自分の打ち間に入ったら、結果のことは考えずに先ず打つことが大切である。

理合

◆剣先は外堀中ゆい内堀ぞ
鍔元大手門と知るべし
◆外堀を埋めて内堀大手門
一気呵成に攻め落とすべし

城は外堀、内堀に囲まれ、その各々に守備隊が配置されている。それ故、攻め落とすにはまず外堀を埋め、次に内堀を埋めなければいけない。内堀を埋めてしまえば、後は大手門を一気に突破し本丸めがけて攻め込めばよいのである。

このことは剣道の攻め方にも当てはまる。竹刀を城の各部分の名称に例えると、先皮が外堀、中結が内堀、鍔元が大手門となろう。

剣先（先皮）での攻め合いが外堀での攻防で、そこで攻め勝ったなら中結での攻防。それが内堀の攻め合いだ。ここも攻め勝ったなら躊躇することなく鍔元（大手門）を一気呵成に突破して、打ち込んでいけということである。

◆無理打ちや無駄打ちは止め
気で攻めて理法正しく有効打突

相手に隙がないのに無理して打つことや、無闇矢鱈に打っていく無駄打ちは、いくら打っても自分のためにならないし、たとえ当っても有効打突と認められない。即刻止めるべきである。

打突を行うにも過程が必要だ。気で攻めて、相手の精神的（心）、身体的（構え）なものに隙を生じさせ、そこを逃さず打つという理法に則った正しい打ち方をしてこそ有効打突となるのである。

◆体当りより気当りぞ大事なれ
気をば殺して奪い取る可し

◆剣を踏み技を封じて気を挫く
これぞ真《まこと》の三殺法なり

剣道は気と気のぶつかり合いである。相手の気を殺して奪い取ってしまえば、後の戦いはグッと楽になる。体当りで勝つよりも気当りで勝つ方が重要なのである。

この〝気を殺す〟とはよく言われる三殺法の最終的な段階。三殺法とは剣を殺し、技を殺して相手に恐怖感を抱かせたところで攻め込んでいって、相手の気を殺してしまうことである。が、別の観点から筆者なりの三殺法を述べてみると、ようは相手の剣を踏んで技を封じ、気を挫けばよいのである。即ち相手の剣を恐れず、その剣を踏みつけるような気持ちで攻め込んでいく。そして相手の技を封じることにより、相手のやる気を挫いてしまう。相手を何も出来ない状態に追い込んでしまえばよいのである。

◆剣道の理合を知らずに打ち込むは
無駄打ち多く打ち過ぎとなる

ただ自分の間合に入ったから打つというのでは初心者である。どこで打つべきかを知るべきで、理合も何も関係なしに打つのはいくら打っても無駄打ちに終わってしまう。

故に、日本剣道形により、こんな局面になったときにはどう打つべきかということを勉強し、理合というものを知っておくことが必要である。

◆気当りで中ゆいまでに攻め入れば
剣体一致の打突あるのみ

気当りの争いで勝って相手の中ゆいまで攻め込んだならば、後は打つしかない。ところが打たずに退がってしまい、みすみす打つ機会を放棄してしまう人がいる。これはいただけない。いくら攻め勝つところに剣道の深さがあるとはいえ、やはり打つべき機会には打たなければいけない。

◆間を盗めばそうはさせじと追い返せ

剣の醍醐味生死攻防にあり

攻め合っている際、相手が間を盗んで自分の陣地に入って来ようとしたら、そうはさせじと剣捌きで追い返す。そこに入られたら勝負の80％は決したと思わなければならない。その後の技が決まった、決まらないは結果であって、剣道の面白さは打つ過程までの間を盗るか盗られるかの攻防にある。そこが生死の分れ目。その剣道の妙を会得し、醍醐味を味わうべし。

◆間をとって退るも理あり

すり上げて応じ返すかのって打ち込め

必ずしも前へ出るのが攻めとはいえない。無闇矢鱈に打っていくのは、墓穴を掘る可能性が高い故、充分に攻め勝った上で打つことが肝要である。しかし常に自分が攻め勝つとは限らないから、相手に攻め込まれそうになったら危険だと判断し、一歩後退して間を外す（切る）。これは十分に理があるが、その際、姿勢態度を崩さず、相手が打ち込んできたらすり上げたり、応じ返すかのって打ち込んでいける心構えでいなければならない。

◆触刃の間にて打突は決め難し

生死の分れ目交刃にあり

剣先が僅かに触れるぐらいの間合、いわゆる触刃の間から打突を決めるのは非常に難しい。但しその間で相手はまだ打って来ないだろうと油断すると、決められることもあるから、相手と対峙したら一瞬たりとも気を緩めてはならない。

しかしながら、やはり生死の分れ目は中結付近、即ち交刃の間での攻防にある。そこで如何にして相手の陣地に入るかが鍵といえる。

体の運用

◆打突する体の運用

打ち足と攻め足深く工夫ある可し

攻め込んでいく足、打ちこむときの足が違うことを知らなければいけない。攻め足とは常に居つかないで、相手の隙を見つけるとか隙をつくらせる足のこと。一方、打ち足とは継ぎ足で打ったり、踏み込んで打ったりする足をいう。この攻め足から打ち足へ移行する際、重要なのが体の運用である。

◆気は抜くな力は抜けよ力《りき》まずに

攻防自在の体の運用

肩や腕などに無駄な力を入れると力《りき》んでしまう。力《りき》んでいると体の動きがぎこちないものとなり、動作がスムーズに行えなくなるし、打ちが一拍子でなく二拍子となるため出ばなを押えられる危険性が大となる。そこで力を抜かなければいけないが、その際に力と一緒に気を抜かないように気をつけること。また抜いた力は体外に出さず、臍下丹田に集中させることが肝要である。そうすれば力《りき》むことなく体の運用がスムーズにでき、攻め、防御ともに自在に行えるようになる。

◆先に手を出さずしっかり腰を入れ
身体を出して確実に打て

打ちたい、打ちたいという気持ちが先走ると体が動かず、いざ打ったときには手だけが伸びて姿勢が崩れてしまうため充分な打ちが出来ない。即ち手打ちである。

そこで先ず、身体を自分が打てる間合まで入れるようにすれば、気持ちにも余裕が出てくるからタメが出来る。そして腰で打つつもりでいくと、身体は自然と前へ出てゆき姿勢も崩れることなく確実に打てるだろう。

◆打ち来れば抜くかすり上げ切り落とせ
逃げずに捌け体の運用

相手と対峙したなら、気勢を充実させて攻撃出来るよう心懸けねばならないが、ただ相手より早く打突することにとらわれると、墓穴を掘ることになる。かといって相手が打ってくるのを待つのは、逃げの気持ちになって気勢を欠き、居つきやすくなる。いずれも正しい体勢（構え）をとっていないからだ。体勢が正しければ攻防動作は意のままのはずである。

要は打ちたい、逃げたいという雑念を捨てて肚をすえ、落着いて相手の動静を見、隙があれば直ち

体の運用

に打ち込んでいき、打って来たなら抜く、すり上げる、切り落とせばよい。いずれも体の運用は大切だが、特にこれらの場合は重要となる。さらにその体の運用をスムーズに行う本《もと》は腰で、打突も直接的には手で行うがやはり本は腰の働きなのである。下半身を大いに鍛錬しなければならないということだ。

◆物をとる時と同じく剣道も 体をそこまで持って行く可し

相手に打たれたくないという気持ちがあると、体がついていかず手先だけの打ちになる。それではいつまでたっても良い打ちができないから、例えば物を取るときは何の抵抗もなく体をもっていくように、打つときもためらわず思い切って体ごとぶつかっていく気持ちがなければいけない。

技

◆打ち来たる相手にするな迎え突き
　　　応じ返すか抜いて打ちきれ

相手が振りかぶって打ってくるのが見えているのに、突くことは非常に危険で、このような迎え突きは出してはならない。突き技は中心を攻めてから突いたり、相手が打突動作に入ろうとする瞬間をとらえての出ばな突きなどはかまわない。

相手が打って来るのが見えたならば、応じ返すか、抜いて打つかなどの方法で対処すべきである。

◆稽古には一眼二足三に胆
　　　四力は冴えし技の力ぞ

◆打突する力の技は見苦しく
　　　技の力は冴えて美し

昔から剣道では大切なことを一眼二足三胆四力という言葉で表わしている。その四番目の力を腕力と考えている者が多いようだが、それは思い違いである。力とは技の力なのだ。いくら腕力があったとしても技が生きたものでないと、冴えが出てこない。冴えのある力こそ剣道には必要なのである。故に、力に頼って打突する技は、却って見苦しい。その逆に冴えた技には力強さがあり、美しいものである。力の技と技の力では大きく違うことを知っておかなければならない。

◆小手面は構えを割って攻め込んで ただちに乗って面に打ち込め

◆面打ちは面一つ後を打つつもり 顎まで打ち切れ腕をのばして

相手の構えが堅固なときは、無闇矢鱈に打っていかず、構えを割って（崩して）から打っていかなければならない。そうしないと逆にやられてしまうだろう。相手の構えを割って攻め込むには、小手面が良い。先ず相手の鍔元辺りを攻めて小手を決めるつもりで打ち、すかさず乗って面に打ち込む。ただこの場合、普通、割って入ることが出来ても乗って打つのは難しい。というのは割って入るのと、乗って打つのが一拍子の動作でなければいけないからである。

また、面を打つときは相手の面金めがけて打つのでなく、その面金の後方部分を打つつもりで打つのが良い。そうすれば腕もきれいに伸びて打ち切った状態になり易く、冴えが出てくる。

◆妙と薄同じ軽でも大違い
見ても爽やか軽妙の剣

これは軽妙の剣と軽薄の剣の違いを言っている。

軽妙の剣とは、しっかりと手の内が締っていて、打たれた方は〝やられた〟という感じを持つ。また見ている方には技の冴えが伝わり、斬れたという印象を与えるものである。

一方、軽薄の剣は、動作ばかり大げさだったり、当てることばかりに気をとられすぎていて中味がない。剣道はただ当ればいい、さわればいいでは駄目で、打ち切ることが大切だ。軽薄の剣は打ち切っていないため、技に冴えがなく良い印象を与えない。真剣で切り落とす気持ちでやれば冴えが生れてくるであろう。

手の内

◆攻めて乗り左手許は正中線

外れぬ稽古常にいたせよ

攻め合った後、乗るときに左手が正中線から外れてはならない。左手が正中線から外れていると踊っているように見えて格好が悪いし、残心が出来なくなるからである。

故に、稽古のときに常に正中線を外さぬようにして行うことが大切で、それが試合や審査という大事な場で生きてくる。心の中で「左手許は正中線、正中線」と言い聞かせて稽古をするのも一つの手であろう。

◆打ち手とは右手左は留手なり

左右の違い工夫あるべし

右手は打つ方向を決める役目を持ち、面なら面、小手なら小手という打突部位を定める。一方、左手は留める役目を持っているが、昔は引き手と言っていた。というのは真剣の場合、引かないと斬れないからその役目を果たしていたのである。しかし今は竹刀剣道だから、引く必要がなく留める役目を務めているのだ。

右手でどの打突部位を打つか決めて打ち、左手でピシッと決まるように留める。こうした右手と左手の役目の違いを知り、工夫しながら稽古を行うことが大切である。

◆上達の秘訣は何と尋ぬれば　足の捌きと手の内と知れ

◆手の内の稽古は軽い竹刀にて　す振り正しく茶巾しぼりに

上達するには何といっても足の捌きと手の内が大切である。昔から「手足二八の理」と言われるように、一本の打突は手は二分、足は八分の働きを成す。従って足捌きを間違えて覚えてはいけない。正しい方法を指導者から学び、体で会得することを心がけることである。

また、手の内を良くするには軽い竹刀で、正しい素振りを茶巾しぼりの要領で行うのがよい。重い竹刀では力が入り易いためすぐ疲れてしまうから手の内がしまらなくなるし、よく言われる雑巾しぼりもかなりの力が必要だから行わないほうがよい。手の内は一瞬、パッと強く締まればいいのだから、無駄な力はなるべく省くようにすることである。

◆切り下ろす動作はすべて同じなり
微妙に変る手の内を知れ

◆一の太刀皮をば肉は二の太刀ぞ
三の太刀にて骨を断つべし

打ち方には皮を切る、肉を切る、骨まで断つというそれぞれの打ち方がある。一見するとそれらの打ち方はどれも同じように見えるが、実は違っている。では、どこが違うのかというと、手の内が微妙に変化しているのだ。手の内の妙味を会得するには永年の修錬が必要だが、それにはまず相手を叩くという気持ちではなく、斬るといった心構えで稽古に臨まなければならない。それを積み重ねることによって微妙な手の内の違いを学びとることが出来るのである。

◆腕力は持久力にも似たるかな
瞬発力こそ手の内と知れ

◆馬鹿力と無理な稽古は無駄と知れ
力は要らぬ攻めと手の内

剣道でいう手の内とは竹刀の持ち方、力の入れ方、左右の手の緊張と弛みなどをいい、それらが打突時に重要となってくる。つまり両腕全体が手の内なのである。その手の内の冴えを生みだすには、打突寸前、瞬間的に腕全体をピシッと締め、打突後ただちに弛めるようにすること。

これは、強い腕力もいらないし、持久力（ここでいう持久力は打突寸前に締めた掌をどれだけ長く維持するかということ）も必要ではなく、瞬間的な力だけでよい。日常のたえ間ない努力と修錬によって、この手の内が自然に作用するようになる。

また、重い竹刀を持って稽古をやれば確かに力はつくだろうが、そんな馬鹿力をつけても剣道ではほとんど得にならないし、疲れるだけである。腰の入った攻めから手の内の冴えを生みだすように、必要以上の力を省いた稽古をするのが大切である。

気迫

◆構えなば打ちたい当てたい事はすて
打つぞ突くぞの気迫気勢を

誰しも相手と構えたときは、打ちたいとか当てたいという気持ちになるものである。しかし、そのような気持ちでは相手に与える心理的影響は小さく、逆につけ込まれる可能性が大きい。

故に、構えたらそのような気持ちは直ちにすて、〝打つぞ〟〝突くぞ〟という気迫気勢の漲った構えでなければならない。そうすれば相手に及ぼす心理的影響も大となり、相手に隙が生じやすくなる。

◆我が咽喉を田楽刺しに突かば突け
鬼神も避けん捨身の気迫

誰でも突かれるのは嫌なものである。しかし、突かれるのを恐れていては正確な打突をすることは出来ない。

突くなら田楽刺しのごとくに突き刺せというような捨身の気迫で打突すれば、例え相手が鬼だとし

気迫

てもその気迫に押されて突きが曲がってしまうだろう。だが、そういう気迫は直ぐに生れてくるというものではなく、普段の稽古で突かれる恐さを取り除くよう取り組むことが必要である。

◆身体ごと敵にぶつかれ気を抜くな
気脈正しく最後まで打て

打ち込んでいくときは相手を一撃で倒すつもりで身体ごと敵にぶつかっていかなければいけない。しかし、途中でこれは駄目だと思って打ちを中途半端なところでやめてしまう人を見かけるが、それは気脈が切れて気が抜けてしまうからだ。気脈とは血液の通う筋のことをいい、最後までその気脈を正して打ち込んでこそ、生きた打ちとなるのである。

◆気は大で剣は中なり体は小
全部大なる稽古工夫を

大きな気位をもって戦いに臨むなら、剣捌きも体捌きも同じ位大きくなければいけない。気位だけ大きくても、剣捌きや体捌きが不十分では何にもならないのである。その三つが全て大きく出来てはじめて気剣体一致の技となる。そういうバランスのとれた稽古をするように自分で色々と工夫してみるべきである。

◆打ちたい打たれたくないと思うより
打つぞ打ってこいの気迫大切

打ちたい打たれたくないというのは気迫が弱い証拠である。そのようなことでは、いつまでたっても相手を打ち負かすことは出来ない。もっと度量を大きくし〝いつでも打ってやるぞ！　どこからでも打ってこい〟という気迫で相手に立ち向っていくことが大切だ。

◆相手をば投網にかける気位で
三丹田の気の働きを

眉間は上丹田（眼力）、鳩尾《みぞおち》が中丹田（心持）、臍下三寸を下丹田（腰の安定）という。それら三丹田を充実させることで（一つ欠けてもいけない）、相手に投網をかけたときのような広く大きな気位になれる。そういう気位で攻め込んで相手を包みこんでしまえば、戦いは自分の思いのままになるだろう。

先

◆先の先　先先の先　先後の先

三つの先の先を取るべし

俗に〝先んずれば人を制す〟などと言われる如く、人より先んずれば自分が優位な立場にたてるが、僅かに遅れると苦境に追いこまれる。剣道に於ける先は、先先の先、先の先、後の先の三つと言われている。後の先は〝後〟の文字から相手がくるのを待って捌くようにとられがちだが、相手を待つのではなく、相手を引き出して捌くのだから、先を取っていなければならない。故に、先後の先というべきであろう。

また、先先の先とは相手の心のうごきを読むこと。即ち相手が打突しようとする意志のない時、また打突しようとする意志があっても形になって表われていない時に、自ら先に打突することをいう。これは一番難しい先の取り方で、読みを誤ると自分がやられるはめになる。さらに先の先とは、相手が打突しようと動きかけた（心の動作）、その出端を狙って打突することである。

要は相手と対峙した時、相手より先《さき》に先を取ることが明暗を分けることになるのを肝に命じておくべし。

先

135　道しるべ

目付

◆相手をば射る目付けこそ大事なり
技倆動作を正しく見きれ

目付けとは、単に相手を睨んで畏縮させるものではなく、相手の目を通して裏まで射ぬくようなものでなければならない。と同時に、相手がどの位の技倆であるかを、瞬時に正しく見極める力が目付けには必要なのである。

◆近間でも常に相手を遠く見よ
近くに見れば技は届かず

相手が近くに居ると思って技を出すと届かないことが往々にしてある。それは手が伸び切っておらず、思い切った打ちが出来ていない証拠といえよう。

故に、例え相手との間合が近くなったとしても、相手が遠くにいると思って打ちこんでいく心懸けが大切である。

◆何事もあきらめること大事なり

眼を明らかに明らかに見よ

ここで言っている〝あきらめる〟とは、諦めることではなく、物事を明らかに見極めること。相手と対峙したとき、相手の技量やどれだけの動きをするのかを素早く判断できる眼をもつことが大事である。

丹田

◆力抜け抜いた力は丹田に

集めて一気に打突に使え

構えた時から肩、腕、足などに力が入りすぎてはいけない。余分な力は直ちに抜くべきだが、ただ単に抜けばいいというものでもない。抜いた力は自分の体内にとどめて置く必要がある。体内から出したのでは、腑抜けとなってしまうからだ。

では、一体どこにその力をためこむのか。それは臍の下（丹田）に集める。体の余分な力をここに集中させておいて、ここぞという打突をするとき一気に使えばよいのである。

◆丹田に力を溜めて

上体の力は抜けよ攻めと打ちこみ

上体に力が入っていると良い打ちが出来ないから、力を抜かなければいけない。しかし、抜いた力をすぐさま体外に出さないで丹田に集中させる。そういう状態になったところで、打ち込みや切り返し、掛り稽古、さらには地稽古をも行えば中味の濃い稽古が出来る。

◆丹田に溜める力のない人は
手許が浮いて剣先弱し

よく審査や試合になるとあがるというが、それは横隔膜が上がってきて心臓が圧迫されるためドキドキするのであり、丹田に力を溜めておく力がないために起こるものだ。その状態だと手許が浮いてきて剣先が弱くなってしまう。剣先に威力がないから相手に恐怖感を与えることが出来なくなる。ところが丹田に力を溜めて攻め込んでいけば、剣先が強いため相手は容易に打ってはこれない。さらに精神的にも余裕が出てきて、相手の動作がよく見えるようになり戦いやすくなるというものだ。いくら良い構えをしていたとしても、丹田に力の漲ったものがないと見た目は格好いいかも知れないが、中味のないものといえよう。

◆年とれば体力不足は自然なり
眼あきらかに胆力修行

若いうちはよく体が動く反面、胆力が出来ていないし、眼もあきらかになっていないからガムシャラに打っていく。そういう時期もあっていいが、いつまでもそれでは駄目である。年をとるに従って自然に体力が衰えて動けなくなる。胆力が備わるように心懸けて稽古をすれば、眼があきらかになり、いつまでも剣道をすることが出来るだろう。

指導者

◆剣道を楽しむ人はそれもよし
責任自覚あるが指導者

指導者というのは、審判講習会や指導者講習会などに積極的に参加し、常に勉強する姿勢がなければいけない。いくら高段者であっても、そういうことを怠って稽古だけをやりに来て教えているのは指導者とは呼べない。それは剣道愛好者の一人にしかすぎないのである。指導者は指導者たる自覚と責任をもって初めて指導者と言えるのだ。

◆指導者は話し方にも気を配れ
相手が理解出来る言葉を

指導者は教える立場にあるから、自分だけしか理解できない教え方をしてはならない。指導者は自分がわかっているからと自意識過剰にならないよう、相手が理解し易いように話し方に気を配って行うことが必要だ。例えばゆっくり話すとか、間をとって話すとか、わかり易い言葉を使ったりするなどし、且つ相手の表情を見ながら理解しているかどうかを読みとりつつ教えていくべきである。それが出来ないようでは、指導者とは呼べない。

◆指導者の自負がかえって邪魔になり
人眼気にして捨身なり得ず

「私は指導者だ」ということを自負しすぎると、試合や稽古のときはそれが邪魔になって捨身になれず往々にして打たれてしまうことがある。それは周囲の眼を気にして「こんなことをやったらみっともない」とか「あんな打ちをしたら恥ずかしい」などと格好ばかりに気をとられて、自分を自分で縛ってしまうからである。特に試合になれば肩書なんか関係なく、勝つか負けるかのどちらかなのだから、受け身になるのは禁物である。

◆勝利をば認めて褒める指導者も
試合内容厳しく注意

試合は勝たなければいけないから、勝ったらまず褒めるのが指導者の務め。そしてその後に試合内容に触れてやることが大切だ。気で攻め勝っていたのか、負けていたのかという辺りを特に。気で攻め勝った場合はいいが、気で押されて押されてどうしようもなくコテを打ったら運よく一本になり勝ってしまったなどということもある。そういうときは剣道では負けていたことを教えてやらなければいけない。気で攻め勝ってこそ本当の勝ちだということを……。

指導者

試合

◆全力を出し尽しての試合なら

勝って平然負けて泰然

自分の持てる力を出し尽したら、勝っても平然としていればいいし、負けてもくよくよすることなく泰然としていればいい。だが、持てる力の五分位しか出せずに負けたときは当然悔しさが残る。勝負においては悔があってはならず、常に全力を尽して戦うことが大切だ。そうすることで自分の実力以上を発揮する場合があり、十の力で勝てなかった相手を倒すこともあるだろう。

◆気を張って共に譲らぬ好試合

勝負に拘る試合醜し

試合に臨むときは勝ちたいという気持ちをもたなければいけないが、勝つために手段を選ばない試合は見ていて醜いものだ。相手に技で勝つ前に、気で勝たなければいけない。お互いが気を張った勝負をやれば、必然的に好試合となるのである。

◆試合には恐れと迷いつきものぞ
誰にもあれば早く捨て去れ

◆誰にでも恐れや迷いある故に
早く捨て去る者が勝つなり

試合に臨んでは誰しも勝ちたいと思うだろうし、負けはしないかと心配する。それ故、なかなか平常心でいられるものではなく、恐れや迷いが生じてくるものだ。そういった心に動揺を起こしたり、乱れていては日頃の稽古で会得した技を、少しも発揮することのないまま敗れることになる。

勝ち負けは、ただ技量の優劣だけで決まるものではない。精神的な面が大きく影響するから、その恐れや迷いを一刻も早く捨て去らなければならない。捨て去るとは、相手の動きを冷静に見、隙を見つけたならば全力で身を捨てて打ち込むことである。しかし相手に隙もないのに、ただ身を捨てて打ち込んでいくのは無暴（恐れや迷いがある証）であって、真の捨て身とはいえない。

◆勝負には懸りも待ちも大事なり
タメありてこそ自由自在に

相手と対峙したなら、終始気を緩めることなく懸るところに待つ心、待つところに懸る心がなければばならない。つまり懸中待、待中懸の心がけである。それには気のタメが必要不可欠。それがないままに打っていくと、相手に押えられたり、乗られたり、抜かれたりすることになる。またその気も小さなものではなく、大きなものであることが重要。そうすれば心と気が一致するから、体の運用、技の使い分けも自由自在に行えるようになるだろう。

足捌き

◆足捌き体の運用俊足に

足は脚の先にありけり

足捌きのことを思い違いして、足首から先だけで捌こうとする者が多い。その捌き方だと膝が突っ張っているため腰が充分に活用できず、体の運用がスムーズにいかない。

そこで膝に幾分余裕をもたせると腰が有効に活用できるようになり、ひいては足捌きも俊敏となり体の運用もスムーズに行えるというものである。腰と脚は一体であることと、足は脚の先にあることを自覚しておかなければいけないのである。

◆古来より浮き足深く嫌うなり

左足をば確実に踏め

「足が地につかない」という言葉がある。早素振りの際、右足はしっかりと前後に踏んでいながら左足は宙に浮いたまま行っている人がいる。その浮いた状態のことを浮き足といい、体勢が不安定となるし、打ちも手打ちとなるため軽いものになってしまう。それ故、古くから浮き足を嫌っているのである。

また、左足は勇気を示す足だけになおのこと確実に踏まなければいけない。これは早素振りの場合だけでなく、何をするにも大事なことである。普段の稽古から左足を確実に踏むように心懸けて行い、体に覚えさせてしまうことが一番だ。

◆上体の力は抜けよ腰を入れ
眼を明らかに足の運用

上半身に力が入っていると、連鎖反応として下半身もギコチない動きとなって思うように動けなくなり、結果的に居ついてしまうことになる。

そこで余分な力を臍下丹田に集中させれば、腰が入ってくるはずである。そして次に眼を明らかにすることだが、「目付」の項でも述べたように〝眼を明らかに〟とは相手の技倆、動き、癖などが判るようになることで、それには相手の動作を最後まで逐一見るようにすることが大切だ。しかし、大抵の人は打つ前までは相手を見ているが、打ったあとは眼をそらしてしまう。そこには早く逃げたい気持ちがあるためで、その気持ちを捨てなければ眼は明らかにならないのである。

腰が入って、眼が明らかになれば足の運用はスムーズに行えるようになる。

掛り稽古

◆休みなく息つくひまもあらばこそ
　掛り稽古は半殺しと知れ

◆正中線はずさぬ敵に構えをば
　割って打ち込む掛り稽古を

掛り稽古は非常に重要であるから、単に速く数多く打てばいいと考えてはいけない。相手の中心を割って打ち込んでいく掛り稽古を、心懸けてやることが大切である。だから、元立ちが面、小手、胴を空けて〝さあ、打ちなさい〟という掛り稽古ではあまり実にならない。試合では相手が空けてはくれないからである。

そこで相手の構えを如何にして崩して打つかを研究することが大切で、相手の竹刀を叩いたり払って打つとか、あるいはメンを受け止められたら体当り退きドウを打つなどするとよいだろう。そういう掛り稽古は死ぬほど苦しいものだが、いずれは自分のものとなって生きて来るはずである。

◆元立ちの隙をばしかと見定めよ
リズムで打つな掛り稽古は

◆リズムにて掛り稽古をする人は
試合となれば役には立たず

掛り稽古はコテを打ったら次はメン、あるいはメンの次はドウという具合に一定のリズムを持って行ってはならない。掛る者は元立ちの隙をしっかりと見定めて、且つ素早く出来るだけ的確にその隙をめがけて打つことが大切だ。

また、リズムで掛り稽古を行っていたのでは上達は難しいし、いざ、試合となればそういう掛り稽古では何の役にも立たない。試合ではそう易々と相手は隙を作ってくれないからである。

◆手の内と足腰鍛える切り返し
掛り稽古で気をば養え

切り返しは何段になっても大切なものだが、特に剣道の基礎作りの上で必要不可欠なものである。姿勢が良くなる。眼が明らかになる。手の内がよく締まるようになる。体捌きが自在になる。このような効用がある。

切り返しに習熟したら、次は気を養うこと。それには掛り稽古が良い。掛り稽古は姿勢を正し、気合をこめて面、小手、胴などを間断なく30秒～1分程度の間に烈しく打つもので、非常に苦しい稽古である。しかしその稽古を続けることによって、知らず識らずのうちに気が養われ、動じることのない心構えが身についてくる。

残心

◆退き胴は剣先下げて退らずに
敵に備えて素早く正眼

退き胴を打った場合、大抵の人は剣先を下げたまま退ってしまう。これでは小手と面がガラ空きとなり、相手にどうぞ打ってくださいといわんばかりである。

しかし、「ドウー」と打って退ると同時に、素早く正眼の構えに戻れば相手の反撃にいかようにも対処できるので、相手は容易に打ってこれなくなる。退るときは決して剣先を下げてはならない。

◆残心は作るものでは非ずして
打突後自然に生れ出るなり

打突後は剣先を相手の正中線につけていつでも相手の動きに対処できる心構えでいなければならない。ところが、単に剣先を相手の正中線につければいいと考えている人が多いようだ。それでは心が入らず、残心ではなく格好をつけているにすぎない。残心は無理して形づくるものではなく、その動

作がごく自然に生れ出てこなければならないのである。

最初は格好だけの残心となるだろうが、稽古を積み重ねることによって真の残心が身に付いてくる。但し、いい加減な気持ちで稽古をやっていたのでは、いつまでたっても身に付かないことはいうまでもない。

◆気で攻めて捨身の打突決めたなら　直ぐに戻れよ元の姿に

相手と対峙したら、気合鋭く攻めに攻めて、相手に隙が生じたならば、すかさず捨身で思い切りよく打ち込んでいく。そしてその打突が決まる、決まらないにかかわらず、直ぐに元の姿に戻らなければいけない。

元の姿とは気で相手を攻めているときの状態で、攻防一致した万全の構えのことである。

◆打突後の残心と残身大事なり　風格示す姿なければ

残心には二つの要素が含まれている。心を残すものと身を残すもの。この二つのうちのどちらが欠けても、残心を示しているとはいえない。例えば打突した後も油断なく相手に応じようとする心構えがあったとしても、体勢が不十分だと相手の攻撃にスムーズに対応できないからである。またこの逆もいえる。

だから、心構え、体勢が十分であってこそ残心といえるのであるが、打突する前から残心のことを考えてはいけない。なぜかというと、そうすると心が二つになり、相手に付け入る隙を与えるようなものである。打突するときは無心の状態で、打突後自然と残心を示すようになるのが望ましく、それが風格となって表われてくると言ってよいだろう。

◆反動で剣先あがる打ち込みも 力を抜けば自然と正眼

◆打ちきって力を抜けば 正眼の構えが自然に備わると知れ

大抵の人は面を打った後、剣先が真上を向いているが、そんなに剣先が上がってはいけない。硬いものを打つのだから弾むのは当然だが、弾むといっても20～30㎝位におさえること。どうしてそれができないかというと、打った後も力が入っているためだ。力を入れるのは打突の瞬間だけでよく、打ちきったら直ちに力を抜く。そうすれば自然と中段の構えになるだろう。但し力と一緒に気まで抜いてはならない。

◆残身の真似事するな確実に

残心示す残身をとれ

残心とは、打突後それが正確であると無いとに拘らず、気を弛めることなく、相手の状況に応じてすぐさま対処できる心を備えていることをいう。そこには心を残す〝残心〟と身を残す〝残身〟の二つが含まれている。ところが、真似ごと(恰好だけ見るとそれらしく感じるかもしれないが)、つまり姿勢態度に気をとられすぎて心が入っていない残身になっている傾向がある。それ故、心と身が一体となった残心をとるように心懸けなければならない。

◆打突後の残心でなく打突せし瞬間

残心生れ来るなり

先に打突後に残心が生じるといった。が、打突した瞬間から起ってくると言ったほうがより正確である。

打突後と打突した瞬間では、ほんの僅かだが時間的な空白があり、その空白をなくさなければならない。残心とは技前から元の姿に戻るまでの一つの連繫したものだからである。もっと巾広く考えれば、最初の礼をし、最後の礼をするまでの一貫したものと言えるだろう。

審査

◆審査とて他所《よそ》行きの稽古致すなよ
生《なま》の稽古をするが大切

今日は昇段審査だから審査用の剣道をしようとか、試合だから試合用の剣道をしようなどということがあってはならない。普段からそのつもりで稽古を行っていればよいのであって、普段いい加減な稽古をしていると、審査や試合だからといって急に変われるわけがない。その普段の生の稽古を如何に大切に行っているかが、審査や試合で出てくるのである。

◆呑まれるな審査場の雰囲気に
呑み込む度胸もつが大切

大抵の人は審査というと、その場の独特な雰囲気に呑みこまれてしまい、持てる力を発揮できないままに終わってしまう。それは打ちたい打ちたいという気持ちが先走りするためである。そうならないようにするためには、逆にその独特の雰囲気を呑みこんでしまえばよい。それには相手に、何処からでも打ってこいという心構え、身構えを示すことが大切だ。相手に自分の度量を見せるわけである。そういう気持ちで対していれば、必ず相手の起こりはわかる。そして機が訪れたら決して逃してはならず、捨身の一撃をはなつ。決まる、決まらないは二の次で、機を逃さないということが重要なのである。審査員はどこで打つべきかを見ているから、その機を逃すようではまず合格しないだろう。

◆段審査そろそろ稽古では遅い
倦まず弛まず常に真剣

◆明日こそは昇段審査の日と思い
今日の稽古を努め励めよ

今年は審査の年だから、さあ気合を入れて稽古に励もうか。こういうのを〝そろそろ稽古〟という。こんな心懸けでは何のために修業年限が設けられているかわからない。六段に合格したなら、翌日からは七段を目指す気持ちで稽古に励み、立派な六段になるために修業年限はあるのだ。あと3年、4年あるからなどという気持ちでは駄目である。

審査

審判

◆誤審でも不平は云うな
　己が身の品位かえって落すことなり

◆他人様《ひとさま》が認めていればそれでよし
　決して審判恨む可からず

判定に不服があるとしても、他人に不平を言ってはならないし、審判を恨んでもいけない。人間が判断を下すのだから間違うことだってあるし、角度によってはよく見えないこともあるだろう。どちらが有効打突なのかは相手は勿論のこと、周りの人もわかっているはずだ。それを自分で「あの判定は間違いだ」などと言うのは一番みっともない行為である。そうした弁明は、却って自分自身の品位を落とすことになる。

◆親子とて私情はさむな正確に
　きびしすぎずに審判をせよ

審判員は試合者が自分の血縁、出身校、出身道場あるいは指導している大学・道場などの場合、それにとらわれて有効打突の判定が甘くなってはいけないし、逆に厳しすぎてもいけない。試合者が誰であれ、どこのチームが試合をしようとも、審判員たるものは常に変らぬ姿勢態度で正確な判定をしなければならないのである。

日本剣道形

◆よく学べ剣道形の本質を
理合手の内呼吸に気迫

◆気迫こめ緩急強弱一拍子
正しい部位を確実に打て

剣道形は剣道と表裏一体で、剣道上達には必要不可欠なものである。しかし、単なる形《かたち》だけの形《かた》では無駄なことをやっているようなもの。剣道形の本質を学ばなければ上達への道はない。その本質とは理合、手の内、呼吸、気迫である。形の一太刀、一太刀に意味深長なことが含まれているのを知っておかなければいけない。

そして形を行うときには気迫をこめて、正しい部位を確実に斬ることが大切である。が、今、大抵の人は気迫がこもっておらず、格好だけのものとなっている。これは打太刀、仕太刀とも悪いのだが、元をたどれば打太刀の方が正しい部位を確実に斬っていかないから、そうなってしまうといえる。

打太刀は相手に怪我をさせてはいけないなどと考えて少し外れた部位を斬るのではなく、捨身の気持ちで、緩急強弱をつけながら正しい部位めがけて一拍子で斬ることが大事である。そうすれば仕太刀も非常にやり易くなり、格好だけの形とはならないであろう。

◆半身とは構え入身は動作なり
小太刀は特に工夫ある可し

◆対等で何で勝てよう大太刀に
小太刀は半身で敵にとびこめ

半身、入身がどのようなものかわかっていない人が多いようだ。

小太刀で敵と戦う場合、半身になることは、敵から攻撃を受ける部分を減らすという考えなのである。

一方、入身とは、敵に攻め込んでいく動作のことをいう。

小太刀で大太刀と相対するとき、対等な立場で戦っては、まず勝てない。だから半身に構えて敵の懐へ飛び込んでいくのが小太刀の常套手段だ。懐に入ってしまえば、小太刀の方は左手が自由に利くから俄然有利となるのである。

◆打太刀は師の位なり仕太刀には
理合の指導常に教えよ
◆形を打つ仕太刀は弟子の位なり
師に従いて理法を学べ

打太刀、仕太刀のそれぞれの心得をいっている。

打太刀は常に仕太刀をリードしていく師の位であって、弟子たる仕太刀に教える立場にある。故に、打太刀は心気力を充実させて技を出し、それに仕太刀が応ずる心気力を育てて機会をつかませる。さらに理にかなう間合で打たせ、勝つところは「ここぞ」と仕太刀に覚えさせるのである。

仕太刀は、師である打太刀の動作に従い応じながら、正しい理法を学んでいくこと。

◆形を打つ技のすり上げ受け流し
音激しきは未熟なりけり

すり上げは、剣道形の五本目がいい例となる。すり上げたときスーッと空気を斬るような音がしなければいけないのに、大抵ガツーンという音がする。これはすり上げではなく払いだ。すり上げとは、する、こと《﹅﹅》なのである。すれるだけだからそんなに大きな音がするわけがない。

また、小太刀の形の場合は受け流しだから、これもガツーンという火花が散るような音が発せられるのは駄目である。スーッと相手の太刀を受け流さなければいけない。音は、するかしないか位の微妙なところで、強烈な音が発せられるのは右手に余分な力が入っている証拠である。

◆約束事一、二、三と前に出て　ヤァトゥと打つ形は偽物

形に手順はあるが、ここまで来たから打つという約束事のような形は本物ではない。それは型にはまっている形にすぎない。また途中で息つぎをして、その後、平気でヤァー、トゥーと行うのも駄目である。

◆気争い仕太刀打太刀五分と五分　機を見て打つぞ先先の先

お互いに相手の目をしっかり見て、構えたなら、前進する前に息をとめて出ていく。そのとき打太刀、仕太刀の気争いは五分と五分。そして打太刀は仕太刀が打ってこようとする先をとらえて打ち、仕太刀はその打ちの尽きるところを押えるなどして勝つ、先先の先でなければいけない。

◆間をつめて機をば窺う相上段
仕太刀の先を打つのが一本目

一本目は打太刀左上段、仕太刀右上段の構えで間をつめていき、打太刀は仕太刀の強い「先」に押されてそれを打ち破ろうと、その先を打つのである。

◆充分な気勢をもって胆を錬り
我慢教える形は二本目

二本目はお互いに中段の構えで、充分に気持ちが盛り上がったところで前へ進み出る。そして一足一刀の間合で対峙したら、お互いに打ちたい気持ちを我慢して錬り合うことの大切さを教えている。

◆気争い五分と五分との三本目
気位示す気勢を学べ

剣道形では三本目だけが勝負がつかない。ここでは位づめを教えている、すなわち位で相手を制するという気位である。

本当に突くのはお互いに一本ずつで、仕太刀の二本目の突きは、まだ動けばいつでも突けるぞ、と

167　道しるべ

いう位を示すもの。そのことを三本目では学ばなければならないのである。

◆切り結び鎬を削る四本目

鍔競り合いの動作学ばん

四本目は、間合に接したとき、互いに機を見て相手の正面に打ちこんで相討ちとなり、切り結んで鎬を削りながら自然に相中段となる。そして打太刀は機を見て仕太刀の右肺を突き、それを仕太刀が巻き返して打太刀の正面を打つ。この打太刀の突きは一つの例であって、突きでなく面でも胴でも小手でもいい。何故なら四本目は鍔競り合いからの変化技を学ぶものだからである。

◆打ち来たる太刀を払うなすり上げる

手の内学ぶ五本目六本目

五本目六本目は、すり上げ技なのに払い技になることが多い。これは手の内に余裕がなく、しっかりと握っているためで、手の内を柔らかくしないと上手なすり上げは出来ない。

◆すれ違い抜き胴決める七本目

眼をば離すな血振り正しく

七本目で胴を打った時、大抵の者は眼が相手の胴を見ておらず、前方を見ている。これでは形に美しさが生れてこない。敵とすれ違うまでしっかりと相手の胴を見ていることが大切だ。

そして、相手の胴を完全に斬ってしまってから初めて自分の剣先の方に目がいく。その斬り終えてから〝スパッ〟と抜くとき、血振りを正しく行うことで形が決まってくるし、綺麗に見えるようになるのである。

◆剣道形申し合せであるけれど
きれいに打つより迫力大事

剣道形は手順が決まっているが、間違わずきれいに打てばよいというものではない。何よりも迫力が第一である。迫力のない形は見ていても心を打つものがないから面白味がない。形とはいえ型にはまってはならない。例え少々間違ったとしても、迫力があればそれを十分に補える。観ている人たちが一瞬、ヒヤリとさせられるようなものがないと、本当の形といえないだろう。それには打太刀、仕太刀に相手を〝斬る〟という気持ちが必要だ。

剣豪高野佐三郎先生は刀を相手の眉間から米粒一つのところで止めたというからその迫力たるや凄じいものであったに違いない。

◆常々の稽古に活かせ剣道形

一本打ちは決してあらず

ご存知のように剣道形は各流派のすぐれた技を集めて、剣道の技術のなかにおいて大切な打突法を組立てたものである。そこには礼式、構え、攻め、打突、気合、残心等の剣道の理が収められているのだが、剣道形は大体、後の先で一本打ちではない。しかし後の先といっても、気は先をとっていなければならず、剣道形の一本一本が何を教えているのかをよく理解することが大事。その教えを普段の稽古に活かすことで正しい剣道を修得することが出来る。そこで高段者になればなおのこと、形の必要性とその効果について探究すべきである。

あとがき

私の剣道稽古歌集〝道しるべ〟の、最終回を書き終えた時は、安堵の気持で、責任をやっと果たしたような気分であった。

そもそも私が歌集〝道しるべ〟を書き始めた動機は、錬正館岡田道場に入門以来、岡田茂正先生からの稽古を通しての私自身に対する注意やお叱りを肝に銘じ、さらに先輩や諸先生方への注意や説明も私事と受けとめ、この教訓を、どうしたら覚えられるかと私なりに考えた結果三十一文字の短歌にして、覚え易く纏めただけの事である。

日記風にその時折の教訓を歌にして書き続け、二年有余で三百首を超える量になった。私自身の勉強の為に作ったものだけに、今日冊子となって出版される事など、夢にも思ったことはなかったのである。それが岡田先生や剣道時代のご厚意により、思いがけず冊子となって発刊させて頂き、驚きと喜び、気恥ずかしさが交錯して、誠に感無量である。

私が剣道を通して、少年指導に生き甲斐を見出し、気がついてみると早や二十五年になる。省みて恥多く、剣技未熟なる故の新たなる疑問が、三省すればする程、次々と私を襲い、悩みと苦しみの連続であった。

純真な少年達に対し、「誠」をもって接すれば、私のような者の指導でもお許し願えるかも知れぬ、と思い直しつつ今日まで、月日を重ねて来たのである。

しかし剣道を通して観る人生は、実に素晴らしい。剣道だけが人生ではない事は、百も承知しているが、今私から剣道を取ってしまったら、一体何が残るだろう。剣道が自分の生きる支えになっている事も事実である。

私は計り知れない大勢の人と出会い、その都度温い、限りない恩恵を頂戴した。誠に有難いことで、いつも感謝している。また私が今日まで、剣道を続けられてきたのは、私自身の健康は勿論のこと、それ以上に家族の温かい理解と協力援助にも感謝している。

私も還暦を過ぎて、あと残された人生を、微力ながら世の為、人の為に少しでも貢献したいものだと願う次第である。

私の拙い稽古歌集〃道しるべ〃が、皆様の剣道修行に、今後少しでもお役に立てば、私の望外の喜びとするところである。

最後に恩師岡田茂正先生、野正豊稔先生の常日頃の尊いご指導に加えて、今回の歌集発刊に際し、ご多忙のところ私の為に、快く祝文を書いて戴き、その上身に余るお言葉まで頂戴し、両先生の御恩情に対しては心から厚く感謝とお礼を申し上げると共に、発刊に際し絶大なご協力を下さった、剣道時代の伊藤幸也氏にも深謝して筆を擱く。

気を張って心は広く自己に勝て
百錬自得の稽古かさねん

世の中に踏みゆく道は数あれど
ひたすら歩む　剣の道かな

平成元年五月

上　原　茂　男

【著者紹介】
上原　茂男（うえはら　しげお）
大正14年3月31日東京都生まれ。
目白商業卒、早稲田専門学校法学部中退。
錬伸館道場館長、中村剣友会会長、練馬区剣連監査、中村囃子継承者。剣道教士七段。
〈現住所〉
〒176
東京都練馬区中村北2―20―28

剣道稽古歌集　道しるべ　

平成元年6月10日　第1版発行

◉著　者　上原茂男
◉発行者　小沢一雄
◉発行所　株式会社体育とスポーツ出版社
〒101　東京都千代田区神田錦町1-17
TEL　03（291）0911
FAX　03（293）7554
振替口座　東京0-25587
◉印刷所　株式会社新時代社

剣道稽古歌集　道しるべ（オンデマンド版）

二〇二二年二月二十日発行

著　者　上原茂男

発行者　手塚栄司

発行所　㈱体育とスポーツ出版社
東京都江東区東陽二―一二―二〇　3F
電話　（〇三）三二九一―〇九一一
FAX　（〇三）三二九三―七七五〇

印刷所　㈱デジタルパブリッシングサービス
東京都新宿区西五軒町一一―一三
電話　（〇三）五二二五―六〇六一

ISBN978-4-88458-436-8　Printed in Japan　AL164